Wolfgang Borchert

Draußen vor der Tür

Ein Stück, das kein Theater spielen und kein Publikum sehen will

EINFACH DEUTSCH

Text, Materialien,
und weitere ausgewählte
Erzählungen und Gedichte

Herausgegeben von
Johannes Diekhans

Erarbeitet von
Manfred Allner

Best.-Nr. 022341 2

Schöningh Verlag

Abdruck mit freundlicher Genehmigung des Rowohlt Verlages

www.schoeningh.de
Schöningh Verlag, Jühenplatz 1–3, 33098 Paderborn

Druck A 6 5 4 / Jahr 2007 06 05
Alle Drucke der Serie A sind im Unterricht parallel verwendbar.
Die letzte Zahl bezeichnet das Jahr dieses Druckes.

Druck und Bindung: Friedrich Pustet, Regensburg

ISBN 3-14-022341-2

Wolfgang Borchert:
Draußen vor der Tür

Vorwort

Wolfgang Borchert starb am 20. November 1947 in Basel, einen Tag bevor sein Drama „Draußen vor der Tür" in Hamburg uraufgeführt wurde. Es ist ein einziger Schrei eines jungen Menschen, dem fast alles genommen wurde und der keine Antwort auf seine Frage „Wie weiter?" findet. Im Zusammenhang mit Wolfgang Borchert wird dieses, sein zweifelsohne bedeutendstes Werk immer wieder als Erstes genannt – doch das ist nicht der ganze Borchert. Seine Gedichte und Erzählungen sind ebenso Stationen seines dichterischen Schaffens und Spiegelbild seiner Persönlichkeit wie seine programmatischen Äußerungen. Gerechter werden wir diesem vielleicht begnadetsten deutschen Nachkriegsdichter nur, wenn wir alle diese Seiten betrachten. Der vorliegende Band will dazu einen Beitrag leisten. Zwar steht das Stück Borcherts im Mittelpunkt, aber auch einige markante Beispiele aus seinem weiteren Schaffen wurden mit aufgenommen. Möglichkeiten einer kreativen Annäherung an das Werk werden an verschiedenen Stellen, besonders S. 132ff., dargestellt.
Über eine Variante eines solchen Herangehens berichtete die ehemalige Schülerin des Dessauer Europa-Gymnasiums, Anja Krause, im November 2000 vor den Teilnehmern der Jahrestagung der Internationalen Wolfgang-Borchert-Gesellschaft in Hamburg: „Im ersten Kurshalbjahr 1998/99 ging es um Literatur der Nachkriegszeit. Unser Deutschlehrer rückte Borchert in den Mittelpunkt dieses Themas. So lernten wir den Dichter und Schauspieler/Komödianten kennen. Jeder konnte aus seinem Gesamtwerk auswählen und sich frei entscheiden, wie er dem übrigen Teil der Klasse seine Auswahl präsentierte. Es wurden die unterschiedlichsten Interpretationen und Lesungen vorgeführt.
‚Schischyphusch oder die Geschichte meines Onkels', die tragikomische Kurzgeschichte, wurde z.B. zu einem Hörspiel umgearbeitet. (Die Idee dazu entstand, nachdem wir eine Hörspielfassung zu der Kurzgeschichte

‚Das Brot', gestaltet von Absolventen eines früheren Jahrgangs, kennen gelernt hatten.) Schüler schlüpften in die Rolle des Kellners, des Onkels und des Erzählers und hauchten so den Figuren Leben ein. Durch die verschiedensten Geräusche, die dann mithilfe des Computers zusammengefügt wurden, entstand die Atmosphäre eines Gartenlokals. Um die ganze Geschichte in eine individuelle Form zu bringen, wurde der Text an einigen Stellen gekürzt und die Handlung etwas vereinfacht. Herausgekommen ist eine hörenswerte Interpretation, die sich inzwischen auch im Wolfgang-Borchert-Archiv in Hamburg befindet."

Diese Art der Beschäftigung mit Borcherts Werk erfordert Zeit und Geduld, und nicht jeder kreative Versuch ist von Erfolg gekrönt. Aber das Werk des Dichters rechtfertigt ein solches Vorgehen. Und sollte die Zeit Grenzen setzen, dann ist eine sinnvolle Auswahl aus dem Gesamtwerk unter Berücksichtigung aller Seiten des Dichters die beste Variante.

Manfred Allner

Draußen vor der Tür

Ein Stück, das kein Theater spielen und
kein Publikum sehen will

HANS QUEST
GEWIDMET

Die Personen sind

BECKMANN, einer von denen
seine FRAU, die ihn vergaß
deren FREUND, den sie liebt
ein MÄDCHEN, dessen Mann auf einem Bein nach Hause kam
ihr MANN, der tausend Nächte von ihr träumte
ein OBERST, der sehr lustig ist
seine FRAU, die es friert in ihrer warmen Stube
die TOCHTER, gerade beim Abendbrot
deren schneidiger MANN
ein KABARETTDIREKTOR, der mutig sein möchte, aber dann doch lieber feige ist
FRAU KRAMER, die weiter nichts ist als Frau Kramer, und das ist gerade so furchtbar
der alte MANN, an den keiner mehr glaubt
der BEERDIGUNGSUNTERNEHMER mit dem Schluckauf
ein STRASSENFEGER, der gar keiner ist
der ANDERE, den jeder kennt
die ELBE.

Ein Mann kommt nach Deutschland.

Er war lange weg, der Mann. Sehr lange. Vielleicht zu lange. Und er kommt ganz anders wieder, als er weg-
ging. Äußerlich ist er ein naher Verwandter jener Gebil-
5 de, die auf den Feldern stehen, um die Vögel (und abends manchmal auch die Menschen) zu erschrecken. Innerlich – auch. Er hat tausend Tage draußen in der Kälte gewartet. Und als Eintrittsgeld musste er mit seiner Kniescheibe bezahlen. Und nachdem er nun tausend
10 Nächte draußen in der Kälte gewartet hat, kommt er endlich doch noch nach Hause.

Ein Mann kommt nach Deutschland.

Und da erlebt er einen ganz tollen Film. Er muss sich während der Vorstellung mehrmals in den Arm kneifen,
15 denn er weiß nicht, ob er wacht oder träumt. Aber dann sieht er, dass es rechts und links neben ihm noch mehr Leute gibt, die alle dasselbe erleben. Und er denkt, dass es dann doch wohl die Wahrheit sein muss. Ja, und als er dann am Schluss mit leerem Magen und kalten Füßen
20 wieder auf der Straße steht, merkt er, dass es eigentlich nur ein ganz alltäglicher Film war, ein ganz alltäglicher Film. Von einem Mann, der nach Deutschland kommt, einer von denen. Einer von denen, die nach Hause kommen und die dann doch nicht nach Hause kommen, weil
25 für sie kein Zuhause mehr da ist. Und ihr Zuhause ist dann draußen vor der Tür. Ihr Deutschland ist draußen, nachts im Regen, auf der Straße.

Das ist ihr Deutschland.

Vorspiel

Der Wind stöhnt. Die Elbe schwappt gegen die Pontons[1]. Es ist Abend. Der Beerdigungsunternehmer. Gegen den Abendhimmel die Silhouette eines Menschen

DER BEERDIGUNGSUNTERNEHMER *(rülpst mehrere Male und sagt dabei jedes Mal)*: Rums! Rums! Wie die – Rums! Wie die Fliegen! Wie die Fliegen, sag ich. 5
Aha, da steht einer. Da auf dem Ponton. Sieht aus, als ob er Uniform anhat. Ja, einen alten Soldatenmantel hat er an. Mütze hat er nicht auf. Seine Haare sind kurz wie eine Bürste.[2] Er steht ziemlich dicht am Wasser. 10 Beinahe zu dicht am Wasser steht er da. Das ist verdächtig. Die abends im Dunkeln am Wasser stehn, das sind entweder Liebespaare oder Dichter. Oder das ist einer von der großen grauen Zahl, die keine Lust mehr haben. Die den Laden hinwerfen und nicht 15 mehr mitmachen. Scheint auch so einer zu sein von denen, der da auf dem Ponton. Steht gefährlich dicht am Wasser. Steht ziemlich allein da. Ein Liebespaar kann es nicht sein, das sind immer zwei. Ein Dichter ist es auch nicht. Dichter haben längere Haare. Aber 20 dieser hier auf dem Ponton hat eine Bürste auf dem Kopf. Merkwürdiger Fall, der da auf dem Ponton, ganz merkwürdig.
(Es gluckst einmal schwer und dunkel auf. Die Silhouette ist verschwunden.) Rums! Da! Weg ist er. Reingesprun- 25 gen. Stand zu dicht am Wasser. Hat ihn wohl untergekriegt. Und jetzt ist er weg. Rums. Ein Mensch stirbt. Und? Nichts weiter: Der Wind weht weiter. Die Elbe quasselt weiter. Die Straßenbahn klingelt weiter. Die Huren liegen weiter weiß und weich in den Fenstern. 30

---

1 (frz., Sing. Ponton = Brückenboot) auf dem Wasser schwimmender Tragkörper für provisorische Brücken, Anlegesteg für Dampfer

2 typisches Merkmal der ehemaligen Kriegsgefangenen, denen wegen der mit möglicher Verlausung verbundenen Gefahren die Köpfe geschoren wurden

Herr Kramer[1] dreht sich auf die andere Seite und schnarcht weiter. Und keine – keine Uhr bleibt stehen. Rums! Ein Mensch ist gestorben. Und? Nichts weiter. Nur ein paar kreisförmige Wellen beweisen, dass er 5 mal da war. Aber auch die haben sich schnell wieder beruhigt. Und wenn die sich verlaufen haben, dann ist auch er vergessen, verlaufen, spurlos, als ob er nie gewesen wäre. Weiter nichts. Hallo, da weint einer. Merkwürdig. Ein alter Mann steht da und weint. 10 Guten Abend.

DER ALTE MANN *(nicht jämmerlich, sondern erschüttert)*: Kinder! Kinder! Meine Kinder!

BEERDIGUNGSUNTERNEHMER: Warum weinst du denn, Alter?

15 DER ALTE MANN: Weil ich es nicht ändern kann, oh, weil ich es nicht ändern kann.

BEERDIGUNGSUNTERNEHMER: Rums! Tschuldigung! Das ist allerdings schlecht. Aber deswegen braucht man doch nicht gleich loszulegen wie eine verlassene Braut. 20 Rums! Tschuldigung!

DER ALTE MANN: Oh, meine Kinder! Es sind doch alles meine Kinder!

BEERDIGUNGSUNTERNEHMER: Oho, wer bist du denn?

DER ALTE MANN: Der Gott, an den keiner mehr glaubt.

25 BEERDIGUNGSUNTERNEHMER: Und warum weinst du? Rums! Tschuldigung!

GOTT: Weil ich es nicht ändern kann. Sie erschießen sich. Sie hängen sich auf. Sie ersaufen sich. Sie ermorden sich, heute hundert, morgen hunderttausend. Und ich, 30 ich kann es nicht ändern.

BEERDIGUNGSUNTERNEHMER: Finster, finster, Alter. Sehr finster. Aber es glaubt eben keiner mehr an dich, das ist es.

GOTT: Sehr finster. Ich bin der Gott, an den keiner mehr 35 glaubt. Sehr finster. Und ich kann es nicht ändern,

---

1 (abgeleitet von ahd. „kramari" = Kleinhändler) hier im übertragenen Sinne gebraucht für kleinlicher, engstirniger Mensch (s.a. Frau Kramer: 5. Szene)

meine Kinder, ich kann es nicht ändern. Finster, finster.

BEERDIGUNGSUNTERNEHMER: Rums! Tschuldigung! Wie die Fliegen! Rums! Verflucht!

GOTT: Warum rülpsen Sie denn fortwährend so ekelhaft? Das ist ja entsetzlich! 5

BEERDIGUNGSUNTERNEHMER: Ja, ja, gräulich! Ganz gräulich! Berufskrankheit. Ich bin Beerdigungsunternehmer.

GOTT: Der Tod? – Du hast es gut! Du bist der neue Gott. An dich glauben sie. Dich lieben sie. Dich fürchten sie. 10 Du bist unumstößlich. Dich kann keiner leugnen! Keiner lästern. Ja, du hast es gut. Du bist der neue Gott. An dir kommt keiner vorbei. Du bist der neue Gott, Tod, aber du bist fett geworden. Dich hab ich doch ganz anders in Erinnerung. Viel magerer, dürrer, kno- 15 chiger, du bist aber rund und fett und gut gelaunt. Der alte Tod sah immer so verhungert aus.

TOD: Na ja, ich hab in diesem Jahrhundert ein bisschen Fett angesetzt. Das Geschäft ging gut. Ein Krieg gibt dem andern die Hand. Wie die Fliegen! Wie die Flie- 20 gen kleben die Toten an den Wänden dieses Jahrhunderts. Wie die Fliegen liegen sie steif und vertrocknet auf der Fensterbank der Zeit.

GOTT: Aber das Rülpsen? Warum dieses grässliche Rülpsen? 25

TOD: Überfressen. Glatt überfressen. Das ist alles. Heutzutage kommt man aus dem Rülpsen gar nicht heraus. Rums! Tschuldigung!

GOTT: Kinder, Kinder. Und ich kann es nicht ändern! Kinder, meine Kinder! *(geht ab)* 30

TOD: Na, dann gute Nacht, Alter. Geh schlafen. Pass auf, dass du nicht auch noch ins Wasser fällst. Da ist vorhin erst einer reingestiegen. Pass gut auf, Alter. Es ist finster, ganz finster. Rums! Geh nach Haus, Alter. Du änderst es doch nicht. Wein nicht über den, der hier 35 eben Plumps gemacht hat. Der mit dem Soldatenmantel und der Bürstenfrisur. Du weinst dich zugrunde! Die heute abends am Wasser stehen, das sind nicht mehr Liebespaare und Dichter. Der hier, der war nur einer von denen, die nicht mehr wollen oder nicht 40 mehr mögen. Die einfach nicht mehr können, die steigen dann abends irgendwo still ins Wasser. Plumps. Vorbei. Lass ihn, heul nicht, Alter. Du heulst dich zugrunde. Das war nur einer von denen, die nicht 5 mehr können, einer von der großen grauen Zahl ... einer ... nur ...

Der Traum

In der Elbe. Eintöniges Klatschen kleiner Wellen. Die Elbe. Beckmann[1]

BECKMANN: Wo bin ich? Mein Gott, wo bin ich denn hier?
10 ELBE: Bei mir.
BECKMANN: Bei dir? Und – wer bist du?
ELBE: Wer soll ich denn sein, du Küken, wenn du in St. Pauli von den Landungsbrücken ins Wasser springst?
BECKMANN: Die Elbe?
15 ELBE: Ja, die. Die Elbe.
BECKMANN *(staunt)*: Du bist die Elbe!
ELBE: Ah, da reißt du deine Kinderaugen auf, wie? Du hast wohl gedacht, ich wäre ein romantisches junges Mädchen mit blassgrünem Teint? Typ Ophelia mit 20 Wasserrosen im aufgelösten Haar? Du hast am Ende gedacht, du könntest in meinen süß duftenden Lilienarmen die Ewigkeit verbringen. Nee, mein Sohn, das war ein Irrtum von dir. Ich bin weder romantisch noch süßduftend. Ein anständiger Fluss stinkt. Jawohl. 25 Nach Öl und Fisch. Was willst du hier?
BECKMANN: Pennen. Da oben halte ich das nicht mehr aus. Das mache ich nicht mehr mit. Pennen will ich. Tot sein. Mein ganzes Leben lang tot sein. Und pennen. Endlich in Ruhe pennen. Zehntausend Nächte 30 pennen.

---

[1] Borchert, der mit dem Bildhauer Curt Beckmann (1901–1970) während dessen Hamburger Zeit befreundet war, hat die Hauptfigur seines Stückes nach ihm benannt.

ELBE: Du willst auskneifen, du Grünschnabel, was? Du glaubst, du kannst das nicht mehr aushalten, hm? Da oben, wie? Du bildest dir ein, du hast schon genug mitgemacht, du kleiner Stift. Wie alt bist du denn, du verzagter Anfänger? 5

BECKMANN: Fünfundzwanzig. Und jetzt will ich pennen.

ELBE: Sieh mal, fünfundzwanzig. Und den Rest verpennen. Fünfundzwanzig und bei Nacht und Nebel ins Wasser steigen, weil man nicht mehr kann. Was kannst du denn nicht mehr, du Greis? 10

BECKMANN: Alles, alles kann ich nicht mehr da oben. Ich kann nicht mehr hungern. Ich kann nicht mehr humpeln und vor meinem Bett stehen und wieder aus dem Haus raushumpeln, weil das Bett besetzt ist. Das Bein, das Bett, das Brot – ich kann das nicht mehr, verstehst 15 du!

ELBE: Nein. Du Rotznase von einem Selbstmörder. Nein, hörst du! Glaubst du etwa, weil deine Frau nicht mehr mit dir spielen will, weil du hinken musst und weil dein Bauch knurrt, deswegen kannst du hier bei mir 20 untern Rock kriechen? Einfach so ins Wasser jumpen? Du, wenn alle, die Hunger haben, sich ersaufen wollten, dann würde die gute alte Erde kahl wie die Glatze eines Möbelpackers werden, kahl und blank. Nee, gibt es nicht, mein Junge. Bei mir kommst du mit solchen 25 Ausflüchten nicht durch. Bei mir wirst du abgemeldet. Die Hosen sollte man dir stramm ziehen, Kleiner, jawohl! Auch wenn du sechs Jahre Soldat warst. Alle waren das. Und die hinken alle irgendwo. Such dir ein anderes Bett, wenn deins besetzt ist. Ich will dein arm- 30 seliges bisschen Leben nicht. Du bist mir zu wenig, mein Junge. Lass dir das von einer alten Frau sagen: Lebe erst mal. Lass dich treten. Tritt wieder! Wenn du den Kanal voll hast, hier, bis oben, wenn du lahm gestrampelt bist und wenn dein Herz auf allen vieren 35 angekrochen kommt, dann können wir mal wieder über die Sache reden. Aber jetzt machst du keinen Unsinn, klar? Jetzt verschwindest du hier, mein Goldjunge. Deine kleine Handvoll Leben ist mir verdammt zu wenig. Behalte sie. Ich will sie nicht, du gerade eben 40

Angefangener. Halt den Mund, mein kleiner Menschensohn! Ich will dir was sagen, ganz leise, ins Ohr, du, komm her: Ich scheiß auf deinen Selbstmord! Du Säugling. Pass gut auf, was ich mit dir mache. *(Laut)* Hallo, Jungens! Werft diesen Kleinen hier bei Blankenese wieder auf den Sand! Er will es nochmal versuchen, hat er mir eben versprochen. Aber sachte, er sagt, er hat ein schlimmes Bein, der Lausebengel, der grüne!

1. Szene

Abend. Blankenese. Man hört den Wind und das Wasser.
Beckmann. Der Andere

BECKMANN: Wer ist da? Mitten in der Nacht. Hier am Wasser. Hallo! Wer ist denn da?

DER ANDERE: Ich.

BECKMANN: Danke. Und wer ist das: ich?

DER ANDERE: Ich bin der Andere.

BECKMANN: Der Andere? Welcher Andere?

DER ANDERE: Der von gestern. Der von früher. Der Andere von immer. Der Jasager. Der Antworter.

BECKMANN: Der von früher? Von immer? Du bist der Andere von der Schulbank, von der Eisbahn? Der vom Treppenhaus?

DER ANDERE: Der aus dem Schneesturm bei Smolensk[1]. Und der aus dem Bunker bei Gorodok[2].

BECKMANN: Und der – der von Stalingrad[3], der Andere, bist du der auch?

---

[1] Gebietshauptstadt in der ehemaligen UdSSR, am oberen Dnjepr gelegen; 1941–43 von deutschen Truppen besetzt und schwer zerstört

[2] Stadt in Weißrussland, nördlich von Witebsk; wurde im Winter 1943/44 längere Zeit von der Wehrmacht gegen die sowjetische Offensive verteidigt

[3] ursprünglich Zarizyn, erhielt 1925 diesen Namen nach dem sowjetischen Diktator J. W. Stalin (seit 1961 Wolgograd); die Schlacht von Stalingrad (August 1942 bis Februar 1943), die mit der Kapitulation der 6. deutschen Armee unter Generalfeldmarschall Paulus endete, gilt als Wendepunkt des II. Weltkrieges

DER ANDERE: Der auch. Und auch der von heute Abend. Ich bin auch der Andere von morgen.
BECKMANN: Morgen. Morgen gibt es nicht. Morgen ist ohne dich. Hau ab. Du hast kein Gesicht.
DER ANDERE: Du wirst mich nicht los. Ich bin der Andere, der immer da ist: Morgen. An den Nachmittagen. Im Bett. Nachts. 5
BECKMANN: Hau ab. Ich hab kein Bett. Ich lieg hier im Dreck.
DER ANDERE: Ich bin auch der vom Dreck. Ich bin immer. Du wirst mich nicht los. 10
BECKMANN: Du hast kein Gesicht. Geh weg.
DER ANDERE: Du wirst mich nicht los. Ich habe tausend Gesichter. Ich bin die Stimme, die jeder kennt. Ich bin der Andere, der immer da ist. Der andere Mensch, der Antworter. Der lacht, wenn du weinst. Der antreibt, wenn du müde wirst, der Antreiber, der Heimliche, Unbequeme bin ich. Ich bin der Optimist, der an den Bösen das Gute sieht und die Lampen in der finstersten Finsternis. Ich bin der, der glaubt, der lacht, der liebt! Ich bin der, der weitermarschiert, auch wenn gehumpelt wird. Und der Ja sagt, wenn du Nein sagst, der Jasager bin ich. Und der – 15 20
BECKMANN: Sag Ja, so viel wie du willst. Geh weg. Ich will dich nicht. Ich sage Nein. Nein. Nein. Geh weg. Ich sage Nein. Hörst du? 25
DER ANDERE: Ich höre. Deswegen bleibe ich ja hier. Wer bist du denn, du Neinsager?
BECKMANN: Ich heiße Beckmann.
DER ANDERE: Vornamen hast du wohl nicht, Neinsager? 30
BECKMANN: Nein. Seit gestern. Seit gestern heiße ich nur noch Beckmann. Einfach Beckmann. So wie der Tisch Tisch heißt.
DER ANDERE: Wer sagt Tisch zu dir?
BECKMANN: Meine Frau. Nein, die, die meine Frau war. Ich war nämlich drei Jahre lang weg. In Russland. Und gestern kam ich wieder nach Hause. Das war ein Unglück. Drei Jahre sind viel, weißt du. Beckmann – sagte meine Frau zu mir. Einfach nur Beckmann. Und dabei war man drei Jahre weg. Beckmann sagte sie, 35 40

wie man zu einem Tisch Tisch sagt. Möbelstück Beckmann. Stell es weg, das Möbelstück Beckmann. Siehst du, deswegen habe ich keinen Vornamen mehr, verstehst du.

5 DER ANDERE: Und warum liegst du hier nun im Sand? Mitten in der Nacht. Hier am Wasser?

BECKMANN: Weil ich nicht hoch komme. Ich hab mir nämlich ein steifes Bein mitgebracht. So als Andenken. Solche Andenken sind gut, weißt du, sonst vergisst 10 man den Krieg so schnell. Und das wollte ich doch nicht. Dazu war das alles doch zu schön. Kinder, Kinder, war das schön, was?

DER ANDERE: Und deswegen liegst du hier abends am Wasser?

15 BECKMANN: Ich bin gefallen.

DER ANDERE: Ach. Gefallen. Ins Wasser?

BECKMANN: Nein, nein! Nein, du! Hörst du, ich wollte mich reinfallen lassen. Mit Absicht. Ich konnte es nicht mehr aushalten. Dieses Gehumpel und Gehinke. Und 20 dann die Sache mit der Frau, die meine Frau war. Sagt einfach Beckmann zu mir, so wie man zu Tisch Tisch sagt. Und der andere, der bei ihr war, der hat gegrinst. Und dann dieses Trümmerfeld. Dieser Schuttacker hier zu Hause. Hier in Hamburg. Und irgendwo da 25 unter liegt mein Junge. Ein bisschen Mud[1] und Mörtel und Matsch. Menschenmud, Knochenmörtel. Er war gerade ein Jahr alt, und ich hatte ihn noch nicht gesehen. Aber jetzt sehe ich ihn jede Nacht. Und unter den zehntausend Steinen. Schutt, weiter nichts als ein biss30 chen Schutt. Das konnte ich nicht aushalten, dachte ich. Und da wollte ich mich fallen lassen. Wäre ganz leicht, dachte ich: vom Ponton runter. Plumps. Aus. Vorbei.

DER ANDERE: Plumps? Aus? Vorbei? Du hast geträumt. 35 Du liegst doch hier auf dem Sand.

BECKMANN: Geträumt? Ja. Vor Hunger geträumt. Ich habe geträumt, sie hätte mich wieder ausgespuckt, die Elbe, diese alte ... Sie wollte mich nicht. Ich sollte es

---

1 (nddt./plattdt.) Schlamm, Dreck

noch mal versuchen, meinte sie. Ich hätte kein Recht dazu. Ich wäre zu grün, sagte sie. Sie sagte, sie scheißt auf mein bisschen Leben. Das hat sie mir ins Ohr gesagt, dass sie scheißt auf meinen Selbstmord. Scheißt, hat sie gesagt, diese verdammte – und gekeift hat sie wie eine Alte vom Fischmarkt. Das Leben ist schön, hat sie gemeint, und ich liege hier mit nassen Klamotten am Strand von Blankenese, und mir ist kalt. Immer ist mir kalt. In Russland war mir lange genug kalt. Ich habe es satt, das ewige Frieren. Und diese Elbe, diese verdammte alte – ja, das hab ich vor Hunger geträumt.
Was ist da?

DER ANDERE: Kommt einer. Ein Mädchen oder sowas. Da. Da hast du sie schon.

MÄDCHEN: Ist da jemand? Da hat doch eben jemand gesprochen. Hallo, ist da jemand?

BECKMANN: Ja, hier liegt einer. Hier unten am Wasser.

MÄDCHEN: Was machen Sie da? Warum stehen Sie denn nicht auf?

BECKMANN: Ich liege hier, das sehen Sie doch. Halb an Land und halb im Wasser.

MÄDCHEN: Aber warum denn? Stehen Sie doch auf. Ich dachte erst, da läge ein Toter, als ich den dunklen Haufen hier am Wasser sah.

BECKMANN: O ja, ein ganz dunkler Haufen ist das, das kann ich Ihnen sagen.

MÄDCHEN: Sie reden aber sehr komisch, finde ich. Hier liegen nämlich jetzt oft Tote abends am Wasser. Die sind manchmal ganz dick und und glitschig. Und so weiß wie Gespenster. Deswegen war ich so erschrocken. Aber Gott sei Dank, Sie sind ja noch lebendig. Aber Sie müssen ja durch und durch nass sein.

BECKMANN: Bin ich auch. Nass und kalt wie eine richtige Leiche.

MÄDCHEN: Dann stehen Sie doch endlich auf. Oder haben Sie sich verletzt?

BECKMANN: Das auch. Mir haben sie die Kniescheibe gestohlen. In Russland. Und nun muss ich mit einem steifen Bein durch das Leben hinken. Und ich denke immer, es geht rückwärts statt vorwärts. Von Hochkommen kann gar keine Rede sein.

MÄDCHEN: Dann kommen Sie doch. Ich helfe Ihnen. 5 Sonst werden Sie ja langsam zum Fisch.

BECKMANN: Wenn Sie meinen, dass es nicht wieder rückwärts geht, dann können wir es ja mal versuchen. So. Danke.

MÄDCHEN: Sehen Sie, jetzt geht es sogar aufwärts. Aber 10 Sie sind ja nass und eiskalt. Wenn ich nicht vorbeigekommen wäre, wären Sie sicher bald ein Fisch geworden. Stumm sind Sie ja auch beinahe. Darf ich Ihnen etwas sagen? Ich wohne hier gleich. Und ich habe trockenes Zeug im Hause. Kommen Sie mit? Ja? Oder 15 sind Sie zu stolz, sich von mir trockenlegen zu lassen? Sie halber Fisch. Sie stummer nasser Fisch, Sie?

BECKMANN: Sie wollen mich mitnehmen?

MÄDCHEN: Ja, wenn Sie wollen. Aber nur weil Sie nass sind. Hoffentlich sind Sie sehr hässlich und beschei-20 den, damit ich es nicht bereuen muss, dass ich Sie mitnehme. Ich nehme Sie nur mit, weil Sie so nass und kalt sind, verstanden! Und weil –

BECKMANN: Weil? Was für ein Weil? Nein, nur weil ich nass und kalt bin. Sonst gibt es kein Weil.

25 MÄDCHEN: Doch. Gibt es doch. Weil Sie so eine hoffnungslos traurige Stimme haben. So grau und vollkommen trostlos. Ach, Unsinn ist das, wie? Kommen Sie, Sie alter stummer nasser Fisch.

BECKMANN: Halt! Sie laufen mir ja weg. Mein Bein 30 kommt nicht mit. Langsam.

MÄDCHEN: Ach ja. Also: dann langsam. Wie zwei uralte steinalte nasskalte Fische.

DER ANDERE: Weg sind sie. So sind sie, die Zweibeiner. Ganz sonderbare Leute sind das hier auf der Welt. Erst 35 lassen sie sich ins Wasser fallen und sind ganz wild auf das Sterben versessen. Aber dann kommt zufällig so ein anderer Zweibeiner im Dunkeln vorbei, so einer mit Rock, mit einem Busen und langen Locken. Und dann ist das Leben plötzlich wieder ganz herrlich und 40 süß. Dann will kein Mensch mehr sterben. Dann wollen sie nie tot sein. Wegen so ein paar Locken, wegen so einer weißen Haut und ein bisschen Frauengeruch. Dann stehen sie wieder vom Sterbebett auf und sind gesund wie zehntausend Hirsche im Februar. Dann werden selbst die halben Wasserleichen noch wieder lebendig, die es eigentlich doch überhaupt nicht mehr aushalten konnten auf dieser verdammten öden elenden Erdkugel. Die Wasserleichen werden wieder mobil – alles wegen so ein paar Augen, wegen so einem bisschen weichen warmen Mitleid und so kleinen Händen und wegen einem schlanken Hals. Sogar die Wasserleichen, diese zweibeinigen, diese ganz sonderbaren Leute hier auf der Welt –

2. Szene

Ein Zimmer. Abends. Eine Tür kreischt und schlägt zu. Beckmann. Das Mädchen

MÄDCHEN: So, nun will ich mir erst einmal den geangelten Fisch unter der Lampe ansehen. Nanu – *(sie lacht)* aber sagen Sie um Himmels willen, was soll denn dies hier sein?

BECKMANN: Das? Das ist meine Brille. Ja. Sie lachen. Das ist meine Brille. Leider.

MÄDCHEN: Das nennen Sie Brille? Ich glaube, Sie sind mit Absicht komisch.

BECKMANN: Ja, meine Brille. Sie haben Recht: Vielleicht sieht sie ein bisschen komisch aus. Mit diesen grauen Blechrändern um das Glas. Und dann diese grauen Bänder, die man um die Ohren machen muss. Und dieses graue Band quer über die Nase! Man kriegt so ein graues Uniformgesicht davon. So ein blechernes Robotergesicht. So ein Gasmaskengesicht. Aber es ist ja auch eine Gasmaskenbrille.

MÄDCHEN: Gasmaskenbrille?

BECKMANN: Gasmaskenbrille. Die gab es für Soldaten, die eine Brille trugen. Damit sie auch unter der Gasmaske was sehen konnten.

MÄDCHEN: Aber warum laufen Sie denn jetzt noch damit herum? Haben Sie denn keine richtige?

BECKMANN: Nein. Gehabt, ja. Aber die ist mir kaputt geschossen. Nein, schön ist sie nicht. Aber ich bin froh, dass ich wenigstens diese habe. Sie ist außerordentlich hässlich, das weiß ich. Und das macht mich manchmal auch unsicher, wenn die Leute mich auslachen. Aber letzten Endes ist das ja egal. Ich kann sie nicht entbehren. Ohne Brille bin ich rettungslos verloren. Wirklich, vollkommen hilflos.

MÄDCHEN: Ja? Ohne sind Sie vollkommen hilflos? *(fröhlich, nicht hart)* Dann geben Sie das abscheuliche Gebilde mal schnell her. Da – was sagen Sie nun! Nein, die bekommen Sie erst wieder, wenn Sie gehen. Außerdem ist es beruhigender für mich, wenn ich weiß, dass Sie so vollkommen hilflos sind. Viel beruhigender. Ohne Brille sehen Sie auch gleich ganz anders aus. Ich glaube, Sie machen nur so einen trostlosen Eindruck, weil Sie immer durch diese grauenhafte Gasmaskenbrille sehen müssen.

BECKMANN: Jetzt sehe ich alles nur noch ganz verschwommen. Geben Sie sie wieder raus. Ich sehe ja nichts mehr. Sie selbst sind mit einmal ganz weit weg. Ganz undeutlich.

MÄDCHEN: Wunderbar. Das ist mir gerade recht. Und Ihnen bekommt das auch besser. Mit der Brille sehen Sie ja aus wie ein Gespenst.

BECKMANN: Vielleicht bin ich auch ein Gespenst. Eins von gestern, das heute keiner mehr sehen will. Ein Gespenst aus dem Krieg, für den Frieden provisorisch repariert.

MÄDCHEN *(herzlich, warm)*: Und was für ein griesgrämiges graues Gespenst! Ich glaube, Sie tragen innerlich auch so eine Gasmaskenbrille, Sie behelfsmäßiger Fisch. Lassen Sie mir die Brille. Es ist ganz gut, wenn Sie mal einen Abend alles ein bisschen verschwommen sehen. Passen Ihnen denn wenigstens die Hosen? Na, es geht gerade. Da, nehmen Sie mal die Jacke.

BECKMANN: Oha! Erst ziehen Sie mich aus dem Wasser, und dann lassen Sie mich gleich wieder ersaufen. Das ist ja eine Jacke für einen Athleten. Welchem Riesen haben Sie die denn gestohlen?

MÄDCHEN: Der Riese ist mein Mann. War mein Mann.

BECKMANN: Ihr Mann?

MÄDCHEN: Ja. Dachten Sie, ich handel mit Männerkleidung? 5

BECKMANN: Wo ist er? Ihr Mann?

MÄDCHEN *(bitter, leise):* Verhungert, erfroren, liegen geblieben – was weiß ich. Seit Stalingrad ist er vermisst. Das war vor drei Jahren. 10

BECKMANN *(starr)*: In Stalingrad? In Stalingrad, ja. Ja, in Stalingrad, da ist mancher liegen geblieben. Aber einige kommen auch wieder. Und die ziehen dann das Zeug an von denen, die nicht wiederkommen. Der Mann, der Ihr Mann war, der der Riese war, dem dieses Zeug gehört, der ist liegen geblieben. Und ich, ich komme nun her und ziehe sein Zeug an. Das ist schön, nicht wahr. Ist das nicht schön? Und seine Jacke ist so riesig, dass ich fast darin ersaufe. *(Hastig)* Ich muss sie wieder ausziehen. Doch. Ich muss wieder mein nasses Zeug anziehen. Ich komme um in dieser Jacke. Sie erwürgt mich, diese Jacke. Ich bin ja ein Witz in dieser Jacke. Ein grauenhafter, gemeiner Witz, den der Krieg gemacht hat. Ich will die Jacke nicht mehr anhaben. 15 20

MÄDCHEN *(warm, verzweifelt)*: Sei still, Fisch. Behalt sie an, bitte. Du gefällst mir so, Fisch. Trotz deiner komischen Frisur. Die hast du wohl auch aus Russland mitgebracht, ja? Mit der Brille und dem Bein noch diese kurzen kleinen Borsten. Siehst du, das hab ich mir gedacht. Du musst nicht denken, dass ich über dich lache, Fisch. Nein, Fisch, das tu ich nicht. Du siehst so wunderbar traurig aus, du armes graues Gespenst; in der weiten Jacke, mit dem Haar und dem steifen Bein. Lass man, Fisch, lass man. Ich finde das nicht zum Lachen. Nein, Fisch, du siehst wunderbar traurig aus. Ich könnte heulen, wenn du mich ansiehst mit deinen trostlosen Augen. Du sagst gar nichts. Sag was, Fisch, bitte. Sag irgendwas. Es braucht keinen Sinn zu haben, aber sag was. Sag was, Fisch, es ist doch so entsetzlich still in der Welt. Sag was, dann ist man nicht so allein. 25 30 35 40

Bitte, mach deinen Mund auf. Fischmensch. Bleib doch da nicht den ganzen Abend stehen. Komm. Setz dich. Hier, neben mich. Nicht so weit ab, Fisch. Du kannst ruhig näher rankommen, du siehst mich ja doch nur verschwommen. Komm doch, mach meinetwegen die Augen zu. Komm und sag was, damit etwas da ist. Fühlst du nicht, wie grauenhaft still es ist?

BECKMANN *(verwirrt)*: Ich sehe dich gerne an. Dich, ja. Aber ich habe bei jedem Schritt Angst, dass es rückwärts geht. Du, das hab ich.

MÄDCHEN: Ach du. Vorwärts, rückwärts. Oben, unten. Morgen liegen wir vielleicht schon weiß und dick im Wasser. Mausestill und kalt. Aber heute sind wir doch noch warm. Heute Abend nochmal, du. Fisch, sag was, Fisch. Heute Abend schwimmst du mir nicht mehr weg, du. Sei still. Ich glaube dir kein Wort. Aber die Tür, die Tür will ich doch lieber abschließen.

BECKMANN: Lass das. Ich bin kein Fisch, und du brauchst die Tür nicht abzuschließen. Nein, du, ich bin weiß Gott kein Fisch.

MÄDCHEN *(innig)*: Fisch! Fisch, du! Du graues repariertes nasses Gespenst.

BECKMANN *(ganz abwesend)*: Mich bedrückt das. Ich ersaufe. Mich würgt das. Das kommt, weil ich so schlecht sehe. Das ist ganz und gar nebelig. Aber es erwürgt mich.

MÄDCHEN *(ängstlich)*: Was hast du? Du, was hast du denn? Du?

BECKMANN *(mit wachsender Angst)*: Ich werde jetzt ganz sachte sachte verrückt. Gib mir meine Brille. Schnell. Das kommt alles nur, weil es so nebelig vor meinen Augen ist. Da! Ich habe das Gefühl, dass hinter deinem Rücken ein Mann steht! Die ganze Zeit schon. Ein großer Mann. So eine Art Athlet. Ein Riese, weißt du. Aber das kommt nur, weil ich meine Brille nicht habe, denn der Riese hat nur ein Bein. Er kommt immer näher, der Riese, mit einem Bein und zwei Krücken. Hörst du – teck tock. Teck tock. So machen die Krücken. Jetzt steht er hinter dir. Fühlst du sein Luft-

holen im Nacken? Gib mir die Brille, ich will ihn nicht mehr sehen! Da, jetzt steht er ganz dicht hinter dir.
MÄDCHEN *(schreit auf und stürzt davon. Eine Tür kreischt und schlägt zu. Dann hört man ganz laut das „Teck tock" der Krücken)* 5
BECKMANN *(flüstert)*: Der Riese!
DER EINBEINIGE *(monoton)*: Was tust du hier. Du? In meinem Zeug? Auf meinem Platz? Bei meiner Frau?
BECKMANN *(wie gelähmt)*: Dein Zeug? Dein Platz? Deine Frau? 10
DER EINBEINIGE *(immer ganz monoton und apathisch)*: Und du, was du hier tust?
BECKMANN *(stockend, leise)*: Das hab ich gestern Nacht auch den Mann gefragt, der bei meiner Frau war. In meinem Hemd war. In meinem Bett. Was tust du hier, 15 du?, hab ich gefragt. Da hat er die Schultern hochgehoben und wieder fallen lassen und hat gesagt: Ja, was tu ich hier. Das hat er geantwortet. Da habe ich die Schlafzimmertür wieder zugemacht, nein, erst noch das Licht wieder ausgemacht. Und dann stand ich draußen. 20
EINBEINIGER: Komm mit deinem Gesicht unter die Lampe. Ganz nah. *(Dumpf)* Beckmann!
BECKMANN: Ja. Ich. Beckmann. Ich dachte, du würdest mich nicht mehr kennen.
EINBEINIGER *(leise, aber mit ungeheurem Vorwurf)*: Beck- 25 mann ... Beckmann ... Beckmann!!!
BECKMANN *(gefoltert)*: Hör auf, du. Sag den Namen nicht! Ich will diesen Namen nicht mehr haben! Hör auf, du!
EINBEINIGER *(leiert)*: Beckmann. Beckmann.
BECKMANN *(schreit auf)*: Das bin ich nicht! Das will ich 30 nicht mehr sein. Ich will nicht mehr Beckmann sein! *(Er läuft hinaus. Eine Tür kreischt und schlägt zu. Dann hört man den Wind und einen Menschen durch die stillen Straßen laufen)*
DER ANDERE: Halt! Beckmann! 35
BECKMANN: Wer ist da?
DER ANDERE: Ich. Der Andere.
BECKMANN: Bist du schon wieder da?
DER ANDERE: Immer noch, Beckmann. Immer, Beckmann.
BECKMANN: Was willst du? Lass mich vorbei. 40

DER ANDERE: Nein, Beckmann. Dieser Weg geht an die Elbe. Komm, die Straße ist hier oben.

BECKMANN: Lass mich vorbei. Ich will zur Elbe.

DER ANDERE: Nein, Beckmann. Komm. Du willst diese Straße hier weitergehen.

BECKMANN: Die Straße weitergehen! Leben soll ich? Ich soll weitergehen? Soll essen, schlafen, alles?

DER ANDERE: Komm, Beckmann.

BECKMANN *(mehr apathisch als erregt)*: Sag diesen Namen nicht. Ich will nicht mehr Beckmann sein. Ich habe keinen Namen mehr. Ich soll weiterleben, wo es einen Menschen gibt, wo es einen Mann mit einem Bein gibt, der meinetwegen nur das eine Bein hat? Der nur ein Bein hat, weil es einen Unteroffizier Beckmann gegeben hat, der gesagt hat: Obergefreiter Bauer, Sie halten Ihren Posten unbedingt bis zuletzt. Ich soll weiterleben, wo es diesen Einbeinigen gibt, der immer Beckmann sagt? Unablässig Beckmann! Andauernd Beckmann! Und er sagt das, als ob er Grab sagt. Als ob er Mord sagt, oder Hund sagt. Der meinen Namen sagt wie: Weltuntergang! Dumpf, drohend, verzweifelt. Und du sagst, ich soll weiterleben? Ich stehe draußen, wieder draußen. Gestern Abend stand ich draußen. Heute steh ich draußen. Immer steh ich draußen. Und die Türen sind zu. Und dabei bin ich ein Mensch mit Beinen, die schwer und müde sind. Mit einem Bauch, der vor Hunger bellt. Mit einem Blut, das friert hier draußen in der Nacht. Und der Einbeinige sagt immerzu meinen Namen. Und nachts kann ich nicht mal mehr pennen. Wo soll ich denn hin, Mensch? Lass mich vorbei!

DER ANDERE: Komm, Beckmann. Wir wollen die Straße weitergehen. Wir wollen einen Mann besuchen. Und dem gibst du sie zurück.

BECKMANN: Was?

DER ANDERE: Die Verantwortung.

BECKMANN: Wir wollen einen Mann besuchen? Ja, das wollen wir. Und die Verantwortung, die gebe ich ihm zurück. Ja, du, das wollen wir. Ich will eine Nacht pennen ohne Einbeinige. Ich gebe sie ihm zurück.

Ja! Ich bringe ihm die Verantwortung zurück. Ich gebe ihm die Toten zurück. Ihm! Ja, komm, wir wollen einen Mann besuchen, der wohnt in einem warmen Haus. In dieser Stadt, in jeder Stadt. Wir wollen einen Mann besuchen, wir wollen ihm etwas schenken – 5 einen lieben guten braven Mann, der sein ganzes Leben nur seine Pflicht getan, und immer nur die Pflicht! Aber es war eine grausame Pflicht! Es war eine fürchterliche Pflicht! Eine verfluchte – fluchte – fluchte Pflicht! Komm! Komm! 10

3. Szene

Eine Stube. Abend. Eine Tür kreischt und schlägt zu. Der Oberst und seine Familie. Beckmann

BECKMANN: Guten Appetit, Herr Oberst.
DER OBERST *(kaut)*: Wie bitte?
BECKMANN: Guten Appetit, Herr Oberst. 15
OBERST: Sie stören beim Abendessen! Ist Ihre Angelegenheit so wichtig?
BECKMANN: Nein. Ich wollte nur feststellen, ob ich mich heute Nacht ersaufe oder am Leben bleibe. Und wenn ich am Leben bleibe, dann weiß ich noch nicht, wie. 20 Und dann möchte ich am Tage manchmal vielleicht etwas essen. Und nachts, nachts möchte ich schlafen. Weiter nichts.
OBERST: Na na na na! Reden Sie mal nicht so unmännliches Zeug. Waren doch Soldat, wie? 25
BECKMANN: Nein, Herr Oberst.
SCHWIEGERSOHN: Wieso nein? Sie haben doch Uniform an.
BECKMANN *(eintönig)*: Ja. Sechs Jahre. Aber ich dachte immer, wenn ich zehn Jahre lang die Uniform eines Briefträgers anhabe, deswegen bin ich noch lange kein 30 Briefträger.
TOCHTER: Pappi, frag ihn doch mal, was er eigentlich will. Er kuckt fortwährend auf meinen Teller.
BECKMANN *(freundlich)*: Ihre Fenster sehen von draußen so warm aus. Ich wollte mal wieder merken, wie das 35

ist, durch solche Fenster zu sehen. Von innen aber, von innen. Wissen Sie, wie das ist, wenn nachts so helle warme Fenster da sind und man steht draußen?

MUTTER *(nicht gehässig, eher voll Grauen)*: Vater, sag ihm doch, er soll die Brille abnehmen. Mich friert, wenn ich das sehe.

OBERST: Das ist eine so genannte Gasmaskenbrille, meine Liebe. Wurde bei der Wehrmacht 1934 als Brille unter der Gasmaske für augenbehinderte Soldaten eingeführt. Warum werfen Sie den Zimt nicht weg? Der Krieg ist aus.

BECKMANN: Ja, ja. Der ist aus. Das sagen sie alle. Aber die Brille brauche ich noch. Ich bin kurzsichtig, ich sehe ohne Brille alles verschwommen. Aber so kann ich alles erkennen. Ich sehe ganz genau von hier, was Sie auf dem Tisch haben.

OBERST *(unterbricht)*: Sagen Sie mal, was haben Sie für eine merkwürdige Frisur? Haben Sie gesessen? Was ausgefressen, wie? Na, raus mit der Sprache, sind irgendwo eingestiegen, was? Und geschnappt, was?

BECKMANN: Jawohl, Herr Oberst. Bin irgendwo mit eingestiegen. In Stalingrad, Herr Oberst. Aber die Tour ging schief, und sie haben uns gegriffen. Drei Jahre haben wir gekriegt, alle hunderttausend Mann. Und unser Häuptling[1] zog sich Zivil an und aß Kaviar[2]. Drei Jahre Kaviar. Und die anderen lagen unterm Schnee und hatten Steppensand im Mund. Und wir

---

[1] Gemeint ist Friedrich Paulus (1890–1957); zu Beginn des II. Weltkrieges als Stabschef an den Blitzkriegen gegen Polen, Belgien und Frankreich, 1940 maßgeblich an der Planung des Überfalls auf die Sowjetunion („Operation Barbarossa“) beteiligt; 1942 Oberbefehlshaber der 6. Armee, die Stalingrad einnehmen sollte; leistete nach der Gegenoffensive der Roten Armee trotz großer Verluste monatelang erbitterten Widerstand; im Januar 1943 noch von Hitler zum Generalfeldmarschall ernannt; kapitulierte mit den Resten seiner Armee am 31. Januar 1943; solidarisierte sich seit 1944 mit dem Widerstand gegen das NS-Regime und schloss sich dem Nationalkomitee Freies Deutschland an.

[2] bezieht sich auf die Vorzugsbehandlung für kriegsgefangene Offiziere (in der Genfer Konvention festgelegt)

löffelten heißes Wasser. Aber der Chef musste Kaviar essen. Drei Jahre lang. Und uns haben sie die Köpfe abrasiert. Bis zum Hals – oder bis zu den Haaren, das kam nicht so genau darauf an. Die Kopfamputierten waren noch die Glücklichsten. Die brauchten wenigstens nicht ewig Kaviar zu löffeln. 5

SCHWIEGERSOHN *(aufgebracht)*: Wie findest du das, Schwiegervater? Na? Wie findest du das?

OBERST: Lieber junger Freund, Sie stellen die ganze Sache doch wohl reichlich verzerrt dar. Wir sind doch Deutsche. Wir wollen doch lieber bei unserer guten deutschen Wahrheit bleiben. Wer die Wahrheit hochhält, der marschiert immer noch am besten, sagt Clausewitz[1]. 10

BECKMANN: Jawohl, Herr Oberst. Schön ist das, Herr Oberst. Ich mache mit, mit der Wahrheit. Wir essen uns schön satt, Herr Oberst, richtig satt, Herr Oberst. Wir ziehen uns ein neues Hemd an und einen Anzug mit Knöpfen und ohne Löcher. Und dann machen wir den Ofen an, Herr Oberst, denn wir haben ja einen Ofen, Herr Oberst, und setzen den Teekessel auf für einen kleinen Grog. Und dann ziehen wir die Jalousien runter und lassen uns in einen Sessel fallen, denn einen Sessel haben wir ja. Wir riechen das feine Parfüm unserer Gattin und kein Blut, nicht wahr, Herr Oberst, kein Blut, und wir freuen uns auf das saubere Bett, das wir ja haben, wir beide, Herr Oberst, das im Schlafzimmer schon auf uns wartet, weich, weiß und warm. Und dann halten wir die Wahrheit hoch, Herr Oberst, unsere gute deutsche Wahrheit. 15 20 25

TOCHTER: Er ist verrückt. 30

SCHWIEGERSOHN: Ach wo, betrunken.

MUTTER: Vater, beende das. Mich friert von dem Menschen.

OBERST *(ohne Schärfe)*: Ich habe aber doch stark den Eindruck, dass Sie einer von denen sind, denen das biss- 35

---

1 preußischer General und bedeutender Militärtheoretiker (1780–1831); gehörte zum Kreis der Heeresreformer um Scharnhorst und Gneisenau; nach dem Sieg über Napoleon Verwaltungsdirektor der Allgemeinen Kriegsschule (später Kriegsakademie) in Berlin

chen Krieg die Begriffe und den Verstand verwirrt hat. Warum sind Sie nicht Offizier geworden? Sie hätten zu ganz anderen Kreisen Eingang gehabt. Hätten 'ne anständige Frau gehabt und dann hätten Sie jetzt auch 'n anständiges Haus. Wärn ja ein ganz anderer Mensch. Warum sind Sie kein Offizier geworden?

BECKMANN: Meine Stimme war zu leise, Herr Oberst, meine Stimme war zu leise.

OBERST: Sehen Sie, Sie sind zu leise. Mal ehrlich, einer von denen, die ein bisschen müde sind, ein bisschen weich, wie?

BECKMANN: Jawohl, Herr Oberst. So ist es. Ein bisschen leise. Ein bisschen weich. Und müde, Herr Oberst, müde, müde, müde! Ich kann nämlich nicht schlafen, Herr Oberst, keine Nacht, Herr Oberst. Und deswegen komme ich her, darum komme ich zu Ihnen, Herr Oberst, denn ich weiß, Sie können mir helfen. Ich will endlich mal wieder pennen! Mehr will ich ja gar nicht. Nur pennen. Tief, tief pennen.

MUTTER: Vater, bleib bei uns. Ich habe Angst. Ich friere von diesem Menschen.

TOCHTER: Unsinn, Mutter. Das ist einer von denen, die mit einem kleinen Knax nach Hause kommen. Die tun nichts.

SCHWIEGERSOHN: Ich finde ihn ziemlich arrogant, den Herrn.

OBERST *(überlegen)*: Lasst mich nur machen, Kinder, ich kenne diese Typen von der Truppe.

MUTTER: Mein Gott, der schläft ja im Stehen.

OBERST *(fast väterlich)*: Müssen ein bisschen hart angefasst werden, das ist alles. Lasst mich, ich mache das schon.

BECKMANN *(ganz weit weg)*: Herr Oberst?

OBERST: Also, was wollen Sie nun?

BECKMANN *(ganz weit weg)*: Herr Oberst?

OBERST: Ich höre, ich höre.

BECKMANN *(schlaftrunken, traumhaft)*: Hören Sie, Herr Oberst? Dann ist es gut. Wenn Sie hören, Herr Oberst. Ich will Ihnen nämlich meinen Traum erzählen, Herr Oberst. Den Traum träume ich jede Nacht. Dann wache ich auf, weil jemand so grauenhaft schreit. Und wissen Sie, wer das ist, der da schreit? Ich selbst, Herr Oberst, ich selbst. Ulkig, nicht, Herr Oberst? Und dann kann ich nicht wieder einschlafen. Keine Nacht, Herr Oberst. Denken Sie mal, Herr Oberst, jede Nacht wachliegen. Deswegen bin ich müde, Herr Oberst, ganz furchtbar müde.

MUTTER: Vater, bleib bei uns. Mich friert.

OBERST *(interessiert)*: Und von Ihrem Traum wachen Sie auf, sagen Sie?

BECKMANN: Nein, von meinem Schrei. Nicht von dem Traum. Von dem Schrei.

OBERST *(interessiert)*: Aber der Traum, der veranlasst Sie zu diesem Schrei, ja?

BECKMANN: Denken Sie mal an, ja. Er veranlasst mich. Der Traum ist nämlich ganz seltsam, müssen Sie wissen. Ich will ihn mal erzählen. Sie hören doch, Herr Oberst, ja? Da steht ein Mann und spielt Xylophon. Er spielt einen rasenden Rhythmus. Und dabei schwitzt er, der Mann, denn er ist außergewöhnlich fett. Und er spielt auf einem Riesenxylophon. Und weil es so groß ist, muss er bei jedem Schlag vor dem Xylophon hin und her sausen. Und dabei schwitzt er, denn er ist tatsächlich sehr fett. Aber er schwitzt gar keinen Schweiß, das ist das Sonderbare. Er schwitzt Blut, dampfendes, dunkles Blut. Und das Blut läuft in zwei breiten roten Streifen an seiner Hose runter, dass er von weitem aussieht wie ein General. Wie ein General! Ein fetter, blutiger General. Es muss ein alter schlachtenerprobter General sein, denn er hat beide Arme verloren. Ja, er spielt mit langen dünnen Prothesen, die wie Handgranatenstiele aussehen, hölzern und mit einem Metallring. Es muss ein ganz fremdartiger Musiker sein, der General, denn die Hölzer seines riesigen Xylophons sind gar nicht aus Holz. Nein, glauben Sie mir, Herr Oberst, glauben Sie mir, sie sind aus Knochen. Glauben Sie mir das, Herr Oberst, aus Knochen!

OBERST *(leise)*: Ja, ich glaube. Aus Knochen.

BECKMANN *(immer noch tranceähnlich, spukhaft)*: Ja, nicht aus Holz, aus Knochen. Wunderbare weiße Knochen.

Schädeldecken hat er da, Schulterblätter, Beckenknochen. Und für die höheren Töne Armknochen und Beinknochen. Dann kommen die Rippen – viele tausend Rippen. Und zum Schluss, ganz am Ende des
5 Xylophons, wo die ganz hohen Töne liegen, da sind Fingerknöchel, Zehen, Zähne. Ja, als Letztes kommen die Zähne. Das ist das Xylophon, auf dem der fette Mann mit den Generalsstreifen spielt. Ist das nicht ein komischer Musiker, dieser General?

10 OBERST *(unsicher)*: Ja, sehr komisch. Sehr, sehr komisch!

BECKMANN: Ja, und nun geht es erst los. Nun fängt der Traum erst an. Also, der General steht vor dem Riesenxylophon aus Menschenknochen und trommelt mit seinen Prothesen einen Marsch. Preußens Gloria[1]
15 oder den Badenweiler[2]. Aber meistens spielt er den Einzug der Gladiatoren[3] und die Alten Kameraden[4]. Meistens spielt er die. Die kennen Sie doch, Herr Oberst, die Alten Kameraden? *(Summt)*

OBERST: Ja, ja. Natürlich. *(Summt ebenfalls)*

20 BECKMANN: Und dann kommen sie. Dann ziehen sie ein, die Gladiatoren, die alten Kameraden. Dann stehen sie auf aus den Massengräbern, und ihr blutiges Gestöhn stinkt bis an den weißen Mond. Und davon sind die Nächte so. So bitter wie Katzengescheiß. So rot, so rot
25 wie Himbeerlimonade auf einem weißen Hemd. Dann sind die Nächte so, dass wir nicht atmen können. Dass wir ersticken, wenn wir keinen Mund zum Küssen und keinen Schnaps zu trinken haben. Bis an den Mond, den weißen Mond, stinkt dann das blutige

---

1 von J. G. Piefke (1815–84) komponierter preußisch-deutscher Armeemarsch

2 deutscher Militärmarsch, nach der Erstürmung der Vogesenstadt Badonviller 1914 entstanden (Komponist: Georg Fürst, 1870–1936); wurde bei Parteitagen der NSDAP und während der Nazizeit überhaupt zur Ankündigung Hitlers gespielt

3 einer der bekanntesten Märsche des Komponisten Julius Fucik (1872–1916)

4 über die Grenzen Deutschlands hinaus bekannter und beliebter Militärmarsch, 1889 von Karl Teike (1864–1922) komponiert

Gestöhn, Herr Oberst, wenn die Toten kommen, die limonadefleckigen Toten.

TOCHTER: Hört ihr, dass er verrückt ist? Der Mond soll weiß sein, sagt er! Weiß! Der Mond!

OBERST *(nüchtern)*: Unsinn! Der Mond ist selbstverständlich gelb wie immer. Wie'n Honigbrot! Wie'n Eierkuchen. War immer gelb, der Mond.

BECKMANN: O nein, Herr Oberst, o nein! In diesen Nächten, wo die Toten kommen, da ist er weiß und krank. Da ist er wie der Bauch eines schwangeren Mädchens, das sich im Bach ertränkte. So weiß, so krank, so rund. Nein, Herr Oberst, der Mond ist weiß in diesen Nächten, wo die Toten kommen, und ihr blutiges Gestöhn stinkt scharf wie Katzendreck bis in den weißen kranken runden Mond. Blut. Blut. Dann stehen sie auf aus den Massengräbern mit verrotteten Verbänden und blutigen Uniformen. Dann tauchen sie auf aus den Ozeanen, aus den Steppen und Straßen, aus den Wäldern kommen sie, aus Ruinen und Mooren, schwarz gefroren, grün, verwest. Aus der Steppe stehen sie auf, einäugig, zahnlos, einarmig, beinlos, mit zerfetzten Gedärmen, ohne Schädeldecken, ohne Hände, durchlöchert, stinkend, blind. Eine furchtbare Flut kommen sie angeschwemmt, unübersehbar an Zahl, unübersehbar an Qual! Das furchtbare unübersehbare Meer der Toten tritt über die Ufer seiner Gräber und wälzt sich breit, breiig, bresthaft und blutig über die Welt. Und dann sagt der General mit den Blutstreifen zu mir: Unteroffizier Beckmann, Sie übernehmen die Verantwortung. Lassen Sie abzählen. Und dann stehe ich da, vor den Millionen hohl grinsender Skelette, vor den Fragmenten, den Knochentrümmern, mit meiner Verantwortung, und lasse abzählen. Aber die Brüder zählen nicht. Sie schlenkern furchtbar mit den Kiefern, aber sie zählen nicht. Der General befiehlt fünfzig Kniebeugen. Die mürben Knochen knistern, die Lungen piepen, aber sie zählen nicht! Ist das nicht Meuterei, Herr Oberst? Offene Meuterei?

OBERST *(flüstert)*: Ja, offene Meuterei!

BECKMANN: Sie zählen auf Deubelkommraus nicht. Aber sie rotten sich zusammen, die Verrotteten, und bilden Sprechchöre. Donnernde, drohende, dumpfe Sprechchöre. Und wissen Sie, was sie brüllen, Herr Oberst?

OBERST *(flüstert)*: Nein.

BECKMANN: Beckmann, brüllen sie. Unteroffizier Beckmann. Immer Unteroffizier Beckmann. Und das Brüllen wächst. Und das Brüllen rollt heran, tierisch wie ein Gott schreit, fremd, kalt, riesig. Und das Brüllen wächst und rollt und wächst und rollt! Und das Brüllen wird dann so groß, so erwürgend groß, dass ich keine Luft mehr kriege. Und dann schreie ich, dann schreie ich los in der Nacht. Dann muss ich schreien, so furchtbar, furchtbar schreien. Und davon werde ich dann immer wach. Jede Nacht. Jede Nacht das Konzert auf dem Knochenxylophon, und jede Nacht die Sprechchöre, und jede Nacht der furchtbare Schrei. Und dann kann ich nicht wieder einschlafen, weil ich doch die Verantwortung hatte. Ich hatte doch die Verantwortung. Ja, ich hatte die Verantwortung. Und deswegen komme ich nun zu Ihnen, Herr Oberst, denn ich will endlich mal wieder schlafen. Ich will einmal wieder schlafen. Deswegen komme ich zu Ihnen, weil ich schlafen will, endlich mal wieder schlafen.

OBERST: Was wollen Sie denn von mir?

BECKMANN: Ich bringe sie Ihnen zurück.

OBERST: Wen?

BECKMANN *(beinah naiv)*: Die Verantwortung. Ich bringe Ihnen die Verantwortung zurück. Haben Sie das ganz vergessen, Herr Oberst? Den 14. Februar? Bei Gorodok. Es waren 42 Grad Kälte. Da kamen Sie doch in unsere Stellung, Herr Oberst, und sagten: Unteroffizier Beckmann. Hier, habe ich geschrieen. Dann sagten Sie, und Ihr Atem blieb an Ihrem Pelzkragen als Reif hängen – das weiß ich noch ganz genau, denn Sie hatten einen sehr schönen Pelzkragen – dann sagten Sie: Unteroffizier Beckmann, ich übergebe Ihnen die Verantwortung für die zwanzig Mann. Sie erkunden den Wald östlich Gorodok und machen nach Möglichkeit ein paar Gefangene, klar? Jawohl, Herr Oberst, habe ich da gesagt. Und dann sind wir losgezogen und haben erkundet. Und ich – ich hatte die Verantwortung. Dann haben wir die ganze Nacht erkundet, und dann wurde geschossen, und als wir wieder in der Stellung waren, da fehlten elf Mann. Und ich hatte die Verantwortung. Ja, das ist alles, Herr Oberst. Aber nun ist der Krieg aus, nun will ich pennen, nun gebe ich Ihnen die Verantwortung zurück, Herr Oberst, ich will sie nicht mehr, ich gebe sie Ihnen zurück, Herr Oberst.

OBERST: Aber mein lieber Beckmann, Sie erregen sich unnötig. So war das doch gar nicht gemeint.

BECKMANN *(ohne Erregung, aber ungeheuer ernsthaft)*: Doch. Doch, Herr Oberst. So muss das gemeint sein. Verantwortung ist doch nicht nur ein Wort, eine chemische Formel, nach der helles Menschenfleisch in dunkle Erde verwandelt wird. Man kann doch Menschen nicht für ein leeres Wort sterben lassen. Irgendwo müssen wir doch hin mit unserer Verantwortung. Die Toten – antworten nicht. Gott – antwortet nicht. Aber die Lebenden, die fragen. Die fragen jede Nacht, Herr Oberst. Wenn ich dann wach liege, dann kommen sie und fragen. Frauen, Herr Oberst, traurige, trauernde Frauen. Alte Frauen mit grauem Haar und harten rissigen Händen – junge Frauen mit einsamen sehnsüchtigen Augen, Kinder, Herr Oberst, Kinder, viele kleine Kinder. Und die flüstern dann aus der Dunkelheit: Unteroffizier Beckmann, wo ist mein Vater, Unteroffizier Beckmann? Unteroffizier Beckmann, wo haben Sie meinen Mann? Unteroffizier Beckmann, wo ist mein Sohn, wo ist mein Bruder, Unteroffizier Beckmann, wo ist mein Verlobter, Unteroffizier Beckmann? Unteroffizier Beckmann, wo? wo? wo? So flüstern sie, bis es hell wird. Es sind nur elf Frauen, Herr Oberst, bei mir sind es nur elf. Wie viel sind es bei Ihnen, Herr Oberst? Tausend? Zweitausend? Schlafen Sie gut, Herr Oberst? Dann macht es Ihnen wohl nichts aus, wenn ich Ihnen zu den zweitausend noch die Verantwortung für meine elf dazugebe. Können Sie schlafen, Herr Oberst? Mit zweitau-

send nächtlichen Gespenstern? Können Sie überhaupt leben, Herr Oberst, können Sie eine Minute leben, ohne zu schreien? Herr Oberst, Herr Oberst, schlafen Sie nachts gut? Ja? Dann macht es Ihnen ja nichts aus, 5 dann kann ich wohl nun endlich pennen – wenn Sie so nett sind und sie wieder zurücknehmen, die Verantwortung. Dann kann ich wohl nun endlich in aller Seelenruhe pennen. Seelenruhe, das war es, ja, Seelenruhe, Herr Oberst!
10 Und dann: schlafen! Mein Gott!

OBERST *(ihm bleibt doch die Luft weg. Aber dann lacht er seine Beklemmung fort, aber nicht gehässig, eher jovial und raubeinig, gutmütig, sagt sehr unsicher)*: Junger Mann, junger Mann! Ich weiß nicht recht, ich weiß nicht recht. 15 Sind sie nun ein heimlicher Pazifist, wie? So ein bisschen destruktiv, ja? Aber – *(er lacht zuerst verlegen, dann aber siegt sein gesundes Preußentum, und er lacht aus voller Kehle)* mein Lieber, mein Lieber! Ich glaube beinahe, Sie sind ein kleiner Schelm, wie? Hab ich Recht? 20 Na? Sehen Sie, Sie sind ein Schelm, was? *(Er lacht)* Köstlich, Mann, ganz köstlich! Sie haben wirklich den Bogen raus! Nein, dieser abgründige Humor! Wissen Sie *(von seinem Gelächter unterbrochen)*, wissen Sie, mit dem Zeug, mit der Nummer, können Sie so auf die 25 Bühne! So auf die Bühne! *(Der Oberst will Beckmann nicht verletzen, aber er ist so gesund und so sehr naiv und alter Soldat, dass er Beckmanns Traum nur als Witz begreift)* Diese blödsinnige Brille, diese ulkige versaute Frisur! Sie müssten das Ganze mit Musik bringen 30 *(lacht)*. Mein Gott, dieser köstliche Traum! Die Kniebeugen, die Kniebeugen mit Xylophonmusik! Nein, mein Lieber, Sie müssen so auf die Bühne! Die Menschheit lacht sich, lacht sich ja kaputt!!! O mein Gott!!! *(Lacht mit Tränen in den Augen und pustet)* Ich 35 hatte ja im ersten Moment gar nicht begriffen, dass Sie so eine komische Nummer bringen wollten. Ich dachte wahrhaftig, Sie hätten so eine leichte Verwirrung im Kopf. Hab doch nicht geahnt, was Sie für ein Komiker sind. Nein, also, mein Lieber, Sie haben uns wirklich 40 so einen reizenden Abend bereitet – das ist eine

Gegenleistung wert. Wissen Sie was? Gehen Sie runter zu meinem Chauffeur, nehmen Sie sich warm Wasser, waschen Sie sich, nehmen Sie sich den Bart ab. Machen Sie sich menschlich. Und dann lassen Sie sich vom Chauffeur einen von meinen alten Anzügen geben. Ja, das ist mein Ernst! Schmeißen Sie Ihre zerrissenen Klamotten weg, ziehen Sie sich einen alten Anzug von mir an, doch, das dürfen Sie ruhig annehmen, und dann werden Sie erstmal wieder Mensch, mein lieber Junge! Werden Sie erstmal wieder ein Mensch!!!

BECKMANN *(wacht auf und wacht auch zum ersten Mal aus seiner Apathie auf)*: Ein Mensch? Werden? Ich soll erstmal wieder ein Mensch werden? *(Schreit)* Ich soll ein Mensch werden? Ja, was seid ihr denn? Menschen? Menschen? Wie? Was? Ja? Seid ihr Menschen? Ja?!?

MUTTER *(Schreit schrill und gellend auf; es fällt etwas um)*: Nein! Er bringt uns um! Neiiin!!! *(Furchtbares Gepolter, die Stimmen der Familie schreien aufgeregt durcheinander.)*

SCHWIEGERSOHN: Halt die Lampe fest!

TOCHTER: Hilfe! Das Licht ist aus! Mutter hat die Lampe umgestoßen!

OBERST: Ruhig, Kinder!

MUTTER: Macht doch Licht!

SCHWIEGERSOHN: Wo ist denn die Lampe!

OBERST: Da. Da ist sie doch schon.

MUTTER: Gott sei Dank, dass wieder Licht ist.

SCHWIEGERSOHN: Und der Kerl ist weg. Sah mir gleich nicht ganz einwandfrei aus, der Bruder.

TOCHTER: Eins, zwei, drei – vier. Nein, es ist alles noch da. Nur der Aufschnitt-Teller ist zerbrochen.

OBERST: Zum Donnerwetter ja, worauf hatte er es denn abgesehen?

SCHWIEGERSOHN: Vielleicht war er wirklich bloß blöde.

TOCHTER: Nein, seht ihr? Die Rumflasche fehlt.

MUTTER: Gott, Vater, dein schöner Rum!

TOCHTER: Und das halbe Brot – ist auch weg!

OBERST: Was, das Brot?

MUTTER: Das Brot hat er mitgenommen? Ja, was will er denn mit dem Brot?

SCHWIEGERSOHN: Vielleicht will er das essen. Oder versetzen. Diese Kreise schrecken ja vor nichts zurück.
TOCHTER: Ja, vielleicht will er das essen.
MUTTER: Ja, aber – aber das trockene Brot?
5 *(Eine Tür kreischt und schlägt zu)*
BECKMANN *(wieder auf der Straße. Eine Flasche gluckert)*: Die Leute haben Recht *(wird zunehmend betrunken)*. Prost, der wärmt. Nein, die Leute haben Recht. Prost. Sollen wir uns hinstellen und um die Toten trauern,
10 wo er uns selbst dicht auf den Hacken sitzt? Prost. Die Leute haben Recht! Die Toten wachsen uns über den Kopf. Gestern zehn Millionen. Heute sind es schon dreißig. Morgen kommt einer und sprengt einen ganzen Erdteil in die Luft. Nächste Woche erfindet
15 einer den Mord aller in sieben Sekunden mit zehn Gramm Gift. Sollen wir trauern!? Prost, ich hab das dunkle Gefühl, dass wir uns bei Zeiten nach einem anderen Planeten umsehen müssen. Prost! Die Leute haben Recht. Ich geh zum Zirkus. Die haben ja Recht,
20 Mensch. Der Oberst hat sich halb totgelacht! Er sagt, ich müsste so auf die Bühne. Humpelnd, mit dem Mantel, mit der Visage, mit der Brille in der Visage und mit der Bürste auf dem Kopf. Der Oberst hat Recht, die Menschheit lacht sich kaputt! Prost. Es lebe
25 der Oberst! Er hat mir das Leben gerettet. Heil, Herr Oberst! Prost, es lebe das Blut! Es lebe das Gelächter über die Toten! Ich geh zum Zirkus, die Leute lachen sich kaputt, wenn es recht grausig hergeht, mit Blut und vielen Toten. Komm, glucker nochmal aus der
30 Buddel, prost. Der Schnaps hat mir das Leben gerettet, mein Verstand ist ersoffen! Prost! *(Großartig und besoffen)* Wer Schnaps hat oder ein Bett oder ein Mädchen, der träume seinen letzten Traum! Morgen kann es schon zu spät sein! Der baue sich aus seinem Traum
35 eine Arche Noah und segle saufend und singend über das Entsetzliche rüber in die ewige Finsternis. Die andern ersaufen in Angst und Verzweiflung! Wer Schnaps hat, ist gerettet! Prost! Es lebe der blutige Oberst! Es lebe die Verantwortung! Heil! Ich gehe zum
40 Zirkus! Es lebe der Zirkus! Der ganze große Zirkus!

4. Szene

Ein Zimmer. Der Direktor eines Kabaretts. Beckmann, noch leicht angetrunken

DIREKTOR *(sehr überzeugt)*: Sehen Sie, gerade in der Kunst brauchen wir wieder eine Jugend, die zu allen Problemen aktiv Stellung nimmt. Eine mutige, nüchterne – 5

BECKMANN *(vor sich hin)*: Nüchtern, ja ganz nüchtern muss sie sein.

DIREKTOR: – revolutionäre Jugend. Wir brauchen einen Geist wie Schiller, der mit zwanzig seine Räuber machte. Wir brauchen einen Grabbe, einen Heinrich Heine! 10 So einen genialen angreifenden Geist haben wir nötig! Eine unromantische, wirklichkeitsnahe und handfeste Jugend, die den dunklen Seiten des Lebens gefasst ins Auge sieht, unsentimental, objektiv, überlegen. Junge Menschen brauchen wir, eine Generation, die die Welt 15 sieht und liebt, wie sie ist. Die die Wahrheit hochhält, Pläne hat, Ideen hat. Das brauchen keine tiefgründigen Weisheiten zu sein. Um Gottes willen nichts Vollendetes, Reifes und Abgeklärtes. Das soll ein Schrei sein, ein Aufschrei ihrer Herzen. Frage, Hoffnung, Hunger! 20

BECKMANN *(für sich)*: Hunger, ja, den haben wir.

DIREKTOR: Aber jung muss diese Jugend sein, leidenschaftlich und mutig. Gerade in der Kunst! Sehen Sie mich an: Ich stand schon als Siebzehnjähriger auf den Brettern des Kabaretts und habe dem Spießer die 25 Zähne gezeigt und ihm die Zigarre verdorben. Was uns fehlt, das sind die Avantgardisten, die das graue lebendige leidvolle Gesicht unserer Zeit präsentieren!

BECKMANN *(für sich)*: Ja, ja: Immer wieder präsentieren. Gesichter, Gewehre. Gespenster. Irgendwas wird 30 immer präsentiert.

DIREKTOR: – Übrigens bei Gesicht fällt mir ein: Wozu laufen Sie eigentlich mit diesem nahezu grotesken Brillengestell herum? Wo haben Sie das originelle Ding denn bloß her, Mann? Man bekommt ja einen Schluck- 35 auf, wenn man Sie ansieht. Das ist ja ein ganz toller Apparat, den Sie da auf der Nase haben.

BECKMANN *(automatisch)*: Ja, meine Gasmaskenbrille. Die haben wir beim Militär bekommen, wir Brillenträger, damit wir auch unter der Gasmaske den Feind erkennen und schlagen konnten.

5 DIREKTOR: Aber der Krieg ist doch lange vorbei! Wir haben doch längst wieder das dickste Zivilleben! Und Sie zeigen sich noch immer in diesem militärischen Aufzug.

BECKMANN: Das müssen Sie mir nicht übel nehmen. Ich bin erst vorgestern aus Sibirien gekommen. Vorges-
10 tern? Ja, vorgestern!

DIREKTOR: Sibirien? Grässlich, was? Grässlich. Ja, der Krieg! Aber die Brille, haben Sie denn keine andere?

BECKMANN: Ich bin glücklich, dass ich wenigstens diese habe. Das ist meine Rettung. Es gibt doch sonst keine
15 Rettung – keine Brillen, meine ich.

DIREKTOR: Ja, haben Sie denn nicht vorgesorgt, mein Guter?

BECKMANN: Wo, in Sibirien?

DIREKTOR: Ah, natürlich. Dieses dumme Sibirien! Sehen
20 Sie, ich habe mich eingedeckt mit Brillen. Ja, Köpfchen! Ich bin glücklicher Inhaber von drei erstklassigen rassigen Hornbrillen. Echtes Horn, mein Lieber! Eine gelbe zum Arbeiten. Eine unauffällige zum Ausgehen. Und eine abends für die Bühne, verstehen Sie,
25 eine schwarze schwere Hornbrille. Das sieht aus, mein Lieber: Klasse!

BECKMANN: Und ich habe nichts, was ich Ihnen geben könnte, damit Sie mir eine abtreten. Ich komme mir selbst so behelfsmäßig und repariert vor. Ich weiß
30 auch, wie blödsinnig blöde das Ding aussieht, aber was soll ich machen? Könnten Sie mir nicht eine –

DIREKTOR: Wo denken Sie hin, mein bester Mann? Von meinen paar Brillen kann ich keine einzige entbehren. Meine ganzen Einfälle, meine Wirkung, meine Stim-
35 mungen sind von ihnen abhängig.

BECKMANN: Ja, das ist es eben: meine auch. Und Schnaps hat man nicht jeden Tag. Und wenn der alle ist, ist das Leben wie Blei: zäh, grau und wertlos. Aber für die Bühne wirkt diese himmelschreiend hässliche Brille
40 wahrscheinlich viel besser.

DIREKTOR: Wieso das?
BECKMANN: Ich meine: komischer. Die Leute lachen sich doch kaputt, wenn die mich sehen mit der Brille. Und dann noch die Frisur, und der Mantel. Und das Gesicht, müssen Sie bedenken, mein Gesicht! Das ist doch alles ungeheuer lustig, was? 5
DIREKTOR *(dem etwas unheimlich wird)*: Lustig? Lustig? Den Leuten bleibt das Lachen in der Kehle stecken, mein Lieber. Bei Ihrem Anblick wird Ihnen das nasskalte Grauen den Nacken hochkriechen. Das nasskal- 10 te Grauen vor diesem Gespenst aus der Unterwelt wird ihnen hochkommen. Aber die Leute wollen doch schließlich Kunst genießen, sich erheben, erbauen und keine nasskalten Gespenster sehen. Nein, so können wir Sie nicht loslassen. Etwas genialer, überlegener, 15 heiterer müssen wir den Leuten schon kommen. Positiv! Positiv, mein Lieber! Denken Sie an Goethe! Denken Sie an Mozart! Die Jungfrau von Orléans, Richard Wagner, Schmeling[1], Shirley Temple[2]!
BECKMANN: Gegen solche Namen kann ich natürlich 20 nicht gegen an. Ich bin nur Beckmann. Vorne B – hinten eckmann.
DIREKTOR: Beckmann? Beckmann? Ist mir im Moment gar nicht geläufig beim Kabarett. Oder haben Sie unter einem Pseudonym gearbeitet? 25
BECKMANN: Nein, ich bin ganz neu. Ich bin Anfänger.
DIREKTOR *(schwenkt völlig um)*: Sie sind Anfänger? Ja, mein Bester, so leicht geht die Sache im Leben aber nun doch nicht. Nein, das denken Sie sich doch wohl ein bisschen einfach. So mir nichts dir nichts macht 30 man keine Karriere! Sie unterschätzen die Verantwortung von uns Unternehmern! Einen Anfänger bringen, das kann den Ruin bedeuten. Das Publikum will Namen!

---

1 deutscher Profiboxer, geb. 1905 (ehemaliger Weltmeister im Schwergewicht)

2 amerikanische Filmschauspielerin (geb. 1928); war bereits in den 30er-Jahren aufgrund ihrer gesanglichen und tänzerischen Fähigkeiten ein populärer Kinderstar

BECKMANN: Goethe, Schmeling, Shirley Temple oder sowas, nicht?

DIREKTOR: Eben die. Aber Anfänger? Neulinge, Unbekannte? Wie alt sind Sie denn?

BECKMANN: Fünfundzwanzig.

DIREKTOR: Na, sehen Sie. Lassen Sie sich erst mal den Wind um die Nase wehen, junger Freund. Riechen Sie erst mal ein wenig hinein ins Leben. Was haben Sie denn so bis jetzt gemacht?

BECKMANN: Nichts. Krieg: Gehungert. Gefroren. Geschossen: Krieg. Sonst nichts.

DIREKTOR: Sonst nichts? Na, und was ist das? Reifen Sie auf dem Schlachtfeld des Lebens, mein Freund. Arbeiten Sie. Machen Sie sich einen Namen, dann bringen wir Sie in großer Aufmachung raus. Lernen Sie die Welt kennen, dann kommen Sie wieder. Werden Sie jemand!

BECKMANN *(der bisher ruhig und eintönig war, jetzt allmählich erregter)*: Und wo soll ich anfangen? Wo denn? Einmal muss man doch irgendwo eine Chance bekommen. Irgendwo muss doch ein Anfänger mal anfangen. In Russland ist uns zwar kein Wind um die Nase geweht, aber dafür Metall, viel Metall. Heißes hartes herzloses Metall. Wo sollen wir denn anfangen? Wo denn? Wir wollen doch endlich einmal anfangen! Menschenskind!

DIREKTOR: Menschenskind können Sie sich ruhig verkneifen. Ich habe schließlich keinen nach Sibirien geschickt. Ich nicht.

BECKMANN: Nein, keiner hat uns nach Sibirien geschickt. Wir sind ganz von alleine gegangen. Alle ganz von alleine. Und einige, die sind ganz von alleine dageblieben. Unterm Schnee, unterm Sand. Die hatten eine Chance, die Gebliebenen, die Toten. Aber wir, wir können nun nirgendwo anfangen. Nirgendwo anfangen.

DIREKTOR *(resigniert)*: Wie Sie wollen! Also: dann fangen Sie an. Bitte. Stellen Sie sich dahin. Beginnen Sie. Machen Sie nicht so lange. Zeit ist teuer. Also, bitte. Wenn Sie so liebenswürdig sein wollen, fangen Sie an.

Ich gebe Ihnen die große Chance. Sie haben immenses Glück: Ich leihe Ihnen mein Ohr. Schätzen Sie das, junger Mann, schätzen Sie das, sag ich Ihnen! Fangen Sie also in Gottes Namen an. Bitte. Da. Also.
(Leise Xylophonmusik. Man erkennt die Melodie der „tapferen kleinen Soldatenfrau"[1]) 5

BECKMANN *(singt, mehr gesprochen, leise, apathisch und monoton)*:

Tapfere kleine Soldatenfrau –
ich kenn das Lied noch ganz genau, 10
das süße schöne Lied.
Aber in Wirklichkeit: War alles Schiet!

Refrain: Die Welt hat gelacht,
und ich hab gebrüllt.
Und der Nebel der Nacht 15
hat dann alles verhüllt.
Nur der Mond grinst noch
durch ein Loch
in der Gardine!

Als ich jetzt nach Hause kam, 20
da war mein Bett besetzt.
Dass ich mir nicht das Leben nahm,
das hat mich selbst entsetzt.

Refrain: Die Welt hat gelacht ...
25

Da hab ich mir um Mitternacht
ein neues Mädchen angelacht.
Von Deutschland hat sie nichts gesagt
Und Deutschland hat auch nicht nach uns gefragt. 30

---

[1] im Jahre 1941 entstandener Schlager (Kriegsschnulze, Komponist: Karl Strässer); in fünf Strophen wird vom Auszug eines Mannes in den Krieg erzählt, vom Stolz der Frau auf ihren Soldaten und davon, wie schön es ist, wenn sie sich nach dem Sieg „selig" in den Armen liegen. Borchert nimmt den Refrain parodierend auf. Er lautet: „Tapfere kleine Soldatenfrau, / Warte nur, bald kehren wir zurück, / Tapfere kleine Soldatenfrau, / Du bist ja mein ganzes Glück. / Tapfere kleine Soldatenfrau, / Ich weiß, wie so treu du denkst an mich. / Und so soll es immer sein, / Und so denk ich ja auch dein, / Und aus dem Felde von Herzen grüß ich dich."

Die Nacht war kurz, der Morgen kam,
und da stand einer in der Tür.
Der hatte nur ein Bein und das war ihr Mann.
5 Und das war morgens um vier.
Refrain: Die Welt hat gelacht ...

Nun lauf ich wieder draußen rum
und in mir geht das Lied herum
10 das Lied von der sau –
das Lied von der sau –
das Lied von der sauberen Soldatenfrau.

(Das Xylophon verkleckert)

DIREKTOR *(feige)*: So übel nicht, nein, wirklich nicht so
15 übel. Ganz brav schon. Für einen Anfänger sehr brav. Aber das Ganze hat natürlich noch zu wenig Esprit, mein lieber junger Mann. Das schillert nicht genug. Der gewisse Glanz fehlt. Das ist natürlich noch keine Dichtung. Es fehlt noch das Timbre und die diskrete
20 pikante Erotik, die gerade das Thema Ehebruch verlangt. Das Publikum will gekitzelt werden und nicht gekniffen. Sonst ist es aber sehr brav für Ihre Jugend. Die Ethik – und die tiefere Weisheit fehlt noch – aber wie gesagt: für einen Anfänger doch nicht so übel! Es
25 ist noch zu sehr Plakat, zu deutlich, –

BECKMANN *(stur vor sich hin)*: – zu deutlich.

DIREKTOR: – zu laut. Zu direkt, verstehen Sie. Ihnen fehlt bei Ihrer Jugend natürlich noch die heitere –

BECKMANN *(stur vor sich hin)*: heiter.

30 DIREKTOR: – Gelassenheit, die Überlegenheit. Denken Sie an unseren Altmeister Goethe. Goethe zog mit seinem Herzog ins Feld[1] und schrieb am Lagerfeuer eine Operette.

---

[1] 1792/93 begleitete der Dichter Herzog Carl August von Sachsen-Weimar auf dem Feldzug in Frankreich. Nach der Kanonade von Valmy (1792), die ein erster wichtiger Sieg der französischen Revolutionstruppen gegen die preußisch-österreichische Koalition war, sprach er vor preußischen Offizieren die in die Geschichte eingegangenen Worte: „Von hier und heute geht eine neue Epoche der Weltgeschichte aus, und Ihr könnt sagen, Ihr seid dabei gewesen." Auch ein Libretto zu einer komischen Oper entwarf Goethe dort („Der Groß-Cophta").

BECKMANN *(stur vor sich hin)*: Operette.
DIREKTOR: Das ist Genie! Das ist der große Abstand!
BECKMANN: Ja, das muss man wohl zugeben, das ist ein großer Abstand.
DIREKTOR: Lieber Freund, warten wir noch ein paar Jährchen. 5
BECKMANN: Warten? Ich hab doch Hunger! Ich muss doch arbeiten!
DIREKTOR: Ja, aber Kunst muss reifen. Ihr Vortrag ist noch ohne Eleganz und Erfahrung. Das ist alles zu grau, zu 10 nackt. Sie machen mir ja das Publikum böse. Nein, wir können die Leute nicht mit Schwarzbrot –
BECKMANN *(stur vor sich hin)*: Schwarzbrot.
DIREKTOR: – füttern, wenn sie Biskuit verlangen. Gedulden Sie sich noch. Arbeiten Sie an sich, feilen Sie, rei- 15 fen Sie. Dies ist schon ganz brav, wie gesagt, aber es ist noch keine Kunst.
BECKMANN: Kunst! Kunst! Aber es ist doch Wahrheit!
DIREKTOR: Ja, Wahrheit! Mit der Wahrheit hat die Kunst doch nichts zu tun! 20
BECKMANN *(stur vor sich hin)*: Nein.
DIREKTOR: Mit der Wahrheit kommen Sie nicht weit.
BECKMANN *(stur vor sich hin)*: Nein.
DIREKTOR: Damit machen Sie sich nur unbeliebt. Wo kämen wir hin, wenn alle Leute plötzlich die Wahrheit 25 sagen wollten! Wer will denn heute etwas von der Wahrheit wissen? Hm? Wer? Das sind die Tatsachen, die Sie nie vergessen dürfen.
BECKMANN *(bitter)*: Ja, ja. Ich verstehe. Danke auch. Langsam verstehe ich schon. Das sind die Tatsachen, die 30 man nie vergessen darf, *(seine Stimme wird immer härter, bis sie beim Kreischen der Tür ganz laut wird)* die man nie vergessen darf: Mit der Wahrheit kommt man nicht weit. Mit der Wahrheit macht man sich nur unbeliebt. Wer will denn heute etwas von der Wahr- 35 heit wissen? *(Laut)* – Ja, langsam verstehe ich schon, das sind so die Tatsachen – – –
(Beckmann geht grußlos ab. Eine Tür kreischt und schlägt zu)
DIREKTOR: Aber junger Mann! Warum gleich so empfindlich? 40

BECKMANN *(verzweifelt)*:

Der Schnaps war alle
und die Welt war grau,
5 wie das Fell, wie das Fell
einer alten Sau!

Der Weg in die Elbe geht geradeaus.

DER ANDERE: Bleib hier, Beckmann! Die Straße ist hier!
10 Hier oben!

BECKMANN: Die Straße stinkt nach Blut. Hier haben sie die Wahrheit massakriert. Meine Straße will zur Elbe! Und die geht hier unten!

DER ANDERE: Komm, Beckmann, du darfst nicht ver-
15 zweifeln! Die Wahrheit lebt!

BECKMANN: Mit der Wahrheit ist das wie mit einer stadtbekannten Hure. Jeder kennt sie, aber es ist peinlich, wenn man ihr auf der Straße begegnet. Damit muss man es heimlich halten, nachts. Am Tage ist sie grau,
20 roh und hässlich, die Hure und die Wahrheit. Und mancher verdaut sie ein ganzes Leben nicht.

DER ANDERE: Komm, Beckmann, irgendwo steht immer eine Tür offen.

BECKMANN: Ja, für Goethe. Für Shirley Temple oder
25 Schmeling. Aber ich bin bloß Beckmann. Beckmann mit 'ner ulkigen Brille und 'ner ulkigen Frisur. Beckmann mit 'nem Humpelbein und 'nem Weihnachtsmannmantel. Ich bin nur ein schlechter Witz, den der Krieg gemacht hat, ein Gespenst von gestern. Und
30 weil ich nur Beckmann bin und nicht Mozart, deswegen sind alle Türen zu. Bums. Deswegen stehe ich draußen. Bums. Mal wieder. Bums. Und immer noch. Bums. Und immer wieder draußen. Bums. Und weil ich ein Anfänger bin, deswegen kann ich nirgendwo
35 anfangen. Und weil ich zu leise bin, bin ich kein Offizier geworden! Und weil ich zu laut bin, mach ich das Publikum bange. Und weil ich ein Herz habe, das nachts schreit über die Toten, deswegen muss ich erst wieder ein Mensch werden. Im Anzug von Herrn
40 Oberst.

Der Schnaps ist alle
und die Welt ist grau,
wie das Fell, wie das Fell
von einer alten Sau!

Die Straße stinkt nach Blut, weil man die Wahrheit massakriert hat, und alle Türen sind zu. Ich will nach Hause, aber alle Straßen sind finster. Nur die Straße nach der Elbe runter, die ist hell. Oh, die ist hell!

DER ANDERE: Bleib hier, Beckmann! Deine Straße ist doch hier. Hier geht es nach Hause. Du musst nach Hause, Beckmann. Dein Vater sitzt in der Stube und wartet. Und deine Mutter steht schon an der Tür. Sie hat deinen Schritt erkannt.

BECKMANN: Mein Gott! Nach Hause! Ja, ich will nach Hause. Ich will zu meiner Mutter! Ich will endlich zu meiner Mutter!!! Zu meiner –

DER ANDERE: Komm. Hier ist deine Straße. Da, wo man zuerst hingehen sollte, daran denkt man zuletzt.

BECKMANN: Nach Hause, wo meine Mutter ist, meine Mutter – – –

5. Szene

Ein Haus. Eine Tür. Beckmann

BECKMANN: Unser Haus steht noch! Und es hat eine Tür. Und die Tür ist für mich da. Meine Mutter ist da und macht mir die Tür auf und lässt mich rein. Dass unser Haus noch steht! Die Treppe knarrt auch immer noch. Und da ist unsere Tür. Da kommt mein Vater jeden Morgen um acht Uhr raus. Da geht er jeden Abend wieder rein. Nur sonntags nicht. Da fuchtelt er mit dem Schlüsselbund umher und knurrt vor sich hin. Jeden Tag. Ein ganzes Leben. Da geht meine Mutter rein und raus. Dreimal, siebenmal, zehnmal am Tag. Jeden Tag. Ein Leben lang. Ein ganzes Leben lang. Das ist unsere Tür. Dahinter miaut die Küchentür, dahinter

kratzt die Uhr mit ihrer heiseren Stimme die unwiederbringlichen Stunden. Dahinter habe ich auf einem umgekippten Stuhl gesessen und Rennfahrer gespielt. Und dahinter hustet mein Vater. Dahinter rülpst der ausgeleierte Wasserhahn und die Kacheln in der Küche klickern, wenn meine Mutter da herumpütschert. Das ist unsere Tür. Dahinter röppelt sich ein Leben ab[1] von einem ewigen Knäuel. Ein Leben, das schon immer so war, dreißig Jahre lang. Und das immer so weitergeht. Der Krieg ist an dieser Tür vorbeigegangen. Er hat sie nicht eingeschlagen und nicht aus den Angeln gerissen. Unsere Tür hat er stehen lassen, zufällig, aus Versehen. Und nun ist diese Tür für mich da. Für mich geht sie auf. Und hinter mir geht sie zu, und dann stehe ich nicht mehr draußen. Dann bin ich zu Hause. Das ist unsere alte Tür mit ihrer abgeblätterten Farbe und dem verbeulten Briefkasten. Mit dem wackeligen weißen Klingelknopf und dem blanken Messingschild, das meine Mutter jeden Morgen putzt und auf dem unser Name steht: Beckmann –
Nein, das Messingschild ist ja gar nicht mehr da! Warum ist denn das Messingschild nicht mehr da? Wer hat denn unseren Namen weggenommen? Was soll denn diese schmutzige Pappkarte an unserer Tür? Mit diesem fremden Namen? Hier wohnt doch gar kein Kramer! Warum steht denn unser Name nicht mehr an der Tür? Der steht doch schon seit dreißig Jahren da. Der kann doch nicht einfach abgemacht und durch einen anderen ersetzt werden! Wo ist denn unser Messingschild? Die andern Namen im Haus sind doch auch noch alle an ihren Türen. Wie immer. Warum steht hier denn nicht mehr Beckmann? Da kann man doch nicht einfach einen anderen Namen annageln, wenn da dreißig Jahre lang Beckmann angestanden hat. Wer ist denn dieser Kramer!?
(Er klingelt. Die Tür geht kreischend auf)

---

[1] (plattdt.) ursprünglich für „eine Strickarbeit auftrennen"; im übertragenen Sinne für „sein Leben lang schwer arbeiten, schuften"

FRAU KRAMER *(mit einer gleichgültigen, grauenhaften, glatten Freundlichkeit, die furchtbarer ist als alle Roheit und Brutalität)*: Was wollen Sie?
BECKMANN: Ja, guten Tag, ich –
FRAU KRAMER: Was? 5
BECKMANN: Wissen Sie, wo unser Messingschild geblieben ist?
FRAU KRAMER: Was für ein „unser Schild"?
BECKMANN: Das Schild, das hier immer an war. Dreißig Jahre lang. 10
FRAU KRAMER: Weiß ich nicht.
BECKMANN: Wissen Sie denn nicht, wo meine Eltern sind?
FRAU KRAMER: Wer sind das? Wer sind Sie denn?
BECKMANN: Ich heiße Beckmann. Ich bin hier doch geboren. Das ist doch unsere Wohnung. 15
FRAU KRAMER *(immer mehr schwatzhaft und schnodderig als absichtlich gemein)*: Nein, das stimmt nicht. Das ist unsere Wohnung. Geboren können Sie hier ja meinetwegen sein, das ist mir egal, aber Ihre Wohnung ist das nicht. Die gehört uns. 20
BECKMANN: Ja, ja. Aber wo sind denn meine Eltern geblieben? Die müssen doch irgendwo wohnen!
FRAU KRAMER: Sie sind der Sohn von diesen Leuten, von diesen Beckmanns, sagen Sie? Sie heißen Beckmann?
BECKMANN: Ja, natürlich, ich bin Beckmann. Ich bin doch 25 hier in dieser Wohnung geboren.
FRAU KRAMER: Das können Sie ja auch. Das ist mir ganz egal. Aber die Wohnung gehört uns.
BECKMANN: Aber meine Eltern! Wo sind meine Eltern denn abgeblieben? Können Sie mir denn nicht sagen, 30 wo sie sind?
FRAU KRAMER: Das wissen Sie nicht? Und Sie wollen der Sohn sein, sagen Sie? Sie kommen mir aber vor! Wenn Sie das nicht mal wissen, wissen Sie?
BECKMANN: Um Gottes willen, wo sind sie denn hin, die 35 alten Leute? Sie haben hier dreißig Jahre gewohnt, und nun sollen sie mit einmal nicht mehr da sein? Reden Sie doch was! Sie müssen doch irgendwo sein!
FRAU KRAMER: Doch. Soviel ich weiß: Kapelle 5.
BECKMANN: Kapelle 5? Was für eine Kapelle 5 denn? 40

FRAU KRAMER *(resigniert, eher wehleidig als brutal)*: Kapelle 5 in Ohlsdorf. Wissen Sie, was Ohlsdorf ist? Ne Gräberkolonie. Wissen Sie, wo Ohlsdorf liegt? Bei Fuhlsbüttel. Da oben sind die drei Endstationen von Hamburg. In Fuhlsbüttel das Gefängnis, in Alsterdorf die Irrenanstalt. Und in Ohlsdorf der Friedhof. Sehen Sie, und da sind sie geblieben, Ihre Alten. Da wohnen sie nun. Verzogen, abgewandert, parti. Und das wollen Sie nicht wissen?

BECKMANN: Was machen sie denn da? Sind sie denn tot? Sie haben doch noch eben gelebt. Woher soll ich das denn wissen? Ich war drei Jahre lang in Sibirien. Über tausend Tage. Sie sollen tot sein? Eben waren sie doch noch da. Warum sind sie denn gestorben, ehe ich nach Hause kam? Ihnen fehlte doch nichts. Nur dass mein Vater den Husten hatte. Aber den hatte er immer. Und dass meine Mutter kalte Füße hatte von der gekachelten Küche. Aber davon stirbt man doch nicht. Warum sind sie denn gestorben? Sie hatten doch gar keinen Grund. Sie können doch nicht so einfach stillschweigend wegsterben!

FRAU KRAMER *(vertraulich, schlampig, auf rauhe Art sentimental)*: Na, Sie sind vielleicht 'ne Marke, Sie komischer Sohn. Gut, Schwamm drüber. Tausend Tage Sibirien ist auch kein Spaß. Versteh schon, wenn man dabei durchdreht und in die Knie geht. Die alten Beckmanns konnten nicht mehr, wissen Sie. Hatten sich ein bisschen verausgabt im Dritten Reich, das wissen Sie doch. Was braucht so ein alter Mann noch Uniform zu tragen. Und dann war er ein bisschen doll auf die Juden, das wissen Sie doch, Sie, Sohn, Sie. Die Juden konnte Ihr Alter nicht verknusen. Die regten seine Galle an. Er wollte sie alle eigenhändig nach Palästina jagen, hat er immer gedonnert. Im Luftschutzkeller, wissen Sie, immer wenn eine Bombe runterging, hat er einen Fluch auf die Juden losgelassen. War ein bisschen sehr aktiv, Ihr alter Herr. Hat sich reichlich verausgabt bei den Nazis. Na, und als das braune Zeitalter vorbei war, da haben sie ihn dann hochgehen lassen, den Herrn Vater. Wegen den Juden. War ja ein bisschen doll, das mit den Juden. Warum konnte er auch seinen Mund nicht halten. War eben zu aktiv, der alte Beckmann. Und als es nun vorbei war mit den braunen Jungs, da haben sie ihm mal ein bisschen auf den Zahn gefühlt. Na, und der Zahn war ja faul, das muss man wohl sagen, der war ganz oberfaul. – Sagen Sie mal, ich freue mich schon die ganze Zeit über das drollige Ding, was Sie da als Brille auf die Nase gebastelt haben. Wozu machen Sie denn so einen Heckmeck. Das kann man doch nicht als vernünftige Brille ansprechen. Haben Sie denn keine normale, Junge?

BECKMANN *(automatisch)*: Nein. Das ist eine Gasmaskenbrille, die bekamen die Soldaten, die –

FRAU KRAMER: Kenn ich doch. Weiß ich doch. Ne, aber aufsetzen würde ich sowas nicht. Dann lieber zu Hause bleiben. Das wär was für meinen Alten. Wissen Sie, was der zu Ihnen sagen würde? Der würde sagen: Mensch, Junge, nimm doch das Brückengeländer aus dem Antlitz!

BECKMANN: Weiter. Was ist mit meinem Vater. Erzählen Sie doch weiter. Es war gerade so spannend. Los, weiter, Frau Kramer, immer weiter!

FRAU KRAMER: Da ist nichts mehr zu erzählen. An die Luft gesetzt haben sie ihren Papa, ohne Pension, versteht sich. Und dann sollten sie noch aus der Wohnung raus: Nur den Kochtopf durften sie behalten. Das war natürlich trübe. Und das hat den beiden Alten den Rest gegeben. Da konnten sie wohl nicht mehr. Und sie mochten auch nicht mehr. Na, da haben sie sich dann selbst endgültig entnazifiziert. Das war nun wieder konsequent von Ihrem Alten, das muss man ihm lassen.

BECKMANN: Was haben sie? Sich selbst –

FRAU KRAMER *(mehr gutmütig als gemein)*: Entnazifiziert. Das sagen wir so, wissen Sie. Das ist so ein Privatausdruck von uns. Ja, die alten Herrschaften von Ihnen hatten nicht mehr die rechte Lust. Einen Morgen lagen sie steif und blau in der Küche. So was Dummes, sagt mein Alter, von dem Gas hätten wir einen ganzen Monat kochen können.

BECKMANN *(leise, aber furchtbar drohend)*: Ich glaube, es ist gut, wenn Sie die Tür zumachen, ganz schnell. Ganz schnell! Und schließen Sie ab. Machen Sie ganz schnell Ihre Tür zu, sag ich Ihnen! Machen Sie! *(Die Tür* 5 *kreischt, Frau Kramer schreit hysterisch, die Tür schlägt zu)*

BECKMANN *(leise)*: Ich halt es nicht aus! Ich halt es nicht aus! Ich halt es nicht aus!

DER ANDERE: Doch, Beckmann, doch! Man hält das aus.

10 BECKMANN: Nein! Ich will das alles nicht mehr aushalten! Geh weg! Du blödsinniger Jasager! Geh weg!

DER ANDERE: Nein, Beckmann. Deine Straße ist hier oben. Komm, bleib oben, Beckmann, deine Straße ist noch lang. Komm!

15 BECKMANN: Du bist ein Schwein! – Aber man hält das wohl aus, o ja. Man hält das aus, auf dieser Straße, und geht weiter. Manchmal bleibt einem die Luft weg oder man möchte einen Mord begehen. Aber man atmet weiter, und der Mord geschieht nicht. Man 20 schreit auch nicht mehr, und man schluchzt nicht. Man hält es aus. Zwei Tote. Wer redet heute von zwei Toten!

DER ANDERE: Sei still, Beckmann. Komm!

BECKMANN: Es ist natürlich ärgerlich, wenn es gerade 25 deine Eltern sind, die beiden Toten. Aber zwei Tote, alte Leute? Schade um das Gas! Davon hätte man einen ganzen Monat kochen können.

DER ANDERE: Hör nicht hin, Beckmann. Komm. Die Straße wartet.

30 BECKMANN: Ja, hör nicht hin. Dabei hat man ein Herz, das schreit, ein Herz, das einen Mord begehen möchte. Ein armes Luder von Herz, das diese Traurigen, die um das Gas trauern, ermorden möchte! Ein Herz hat man, das will pennen, tief in der Elbe, verstehst du. 35 Das Herz hat sich heiser geschrien, und keiner hat es gehört. Hier unten keiner. Und da oben keiner. Zwei alte Leute sind in die Gräberkolonie Ohlsdorf abgewandert. Gestern waren es vielleicht zweitausend, vorgestern vielleicht siebzigtausend. Morgen werden 40 es viertausend oder sechs Millionen sein. Abgewan-

dert in die Massengräber der Welt. Wer fragt danach? Keiner. Hier unten kein Menschenohr. Da oben kein Gottesohr. Gott schläft, und wir leben weiter.

DER ANDERE: Beckmann! Beckmann! Hör nicht hin, Beckmann. Du siehst alles durch deine Gasmaskenbrille. Du siehst alles verbogen, Beckmann. Hör nicht hin, du. Früher gab es Zeiten, Beckmann, wo die Zeitungsleser abends in Kapstadt unter ihren grünen Lampenschirmen tief aufseufzten, wenn sie lasen, dass in Alaska zwei Mädchen im Eis erfroren waren. Früher war es doch so, dass sie in Hamburg nicht einschlafen konnten, weil man in Boston ein Kind entführt hatte. Früher konnte es wohl vorkommen, dass sie in San Franzisko trauerten, wenn bei Paris ein Ballonfahrer abgestürzt war.

BECKMANN: Früher, früher, früher! Wann war das? Vor zehntausend Jahren? Heute tun es nur noch Totenlisten mit sechs Nullen. Aber die Menschen seufzen nicht mehr unter ihren Lampen, sie schlafen ruhig und tief, wenn sie noch ein Bett haben. Sie sehen stumm und randvoll mit Leid aneinander vorbei: hohlwangig, hart, bitter, verkrümmt, einsam. Sie werden mit Zahlen gefüttert, die sie kaum aussprechen können, weil sie so lang sind. Und die Zahlen bedeuten –

DER ANDERE: Hör nicht hin, Beckmann.

BECKMANN: Hör hin, hör hin, bis du umkommst! Die Zahlen sind so lang, dass man sie kaum aussprechen kann. Und die Zahlen bedeuten –

DER ANDERE: Hör nicht hin –

BECKMANN: Hör hin! Sie bedeuten: Tote, Halbtote, Granatentote, Splittertote, Hungertote, Bombentote, Eissturmtote, Ozeantote, Verzweiflungstote, Verlorene, Verlaufene, Verschollene. Und diese Zahlen haben mehr Nullen, als wir Finger an der Hand haben!

DER ANDERE: Hör doch nicht hin, du. Die Straße wartet, Beckmann, komm!

BECKMANN: Du, du! Wo geht sie hin, du? Wo sind wir? Sind wir noch hier? Ist dies noch die alte Erde? Ist uns kein Fell gewachsen, du? Wächst uns kein Schwanz, kein Raubtiergebiss, keine Kralle? Gehen wir noch auf zwei Beinen? Mensch, Mensch, was für eine Straße bist du? Wo gehst du hin? Antworte doch, du Anderer, du Jasager! Antworte doch, du ewiger Antworter!

DER ANDERE: Du verläufst dich, Beckmann, komm, bleib oben, deine Straße ist hier! Hör nicht hin. Die Straße geht auf und ab. Schrei nicht los, wenn sie abwärts geht und wenn es dunkel ist – die Straße geht weiter, und überall gibt es Lampen: Sonne, Sterne, Frauen, Fenster, Laternen und offene Türen. Schrei nicht los, wenn du eine halbe Stunde im Nebel stehst, nachts, einsam. Du triffst immer wieder auf die andern. Komm, Junge, werd nicht müde! Hör nicht hin auf die sentimentale Klimperei des süßen Xylophonspielers, hör nicht hin.

BECKMANN: Hör nicht hin? Ist das deine ganze Antwort? Millionen Tote, Halbtote, Verschollene – das ist alles gleich? Und du sagst: Hör nicht hin! Ich habe mich verlaufen? Ja, die Straße ist grau, grausam und abgründig. Aber wir sind draußen auf ihr unterwegs, wir humpeln, heulen und hungern auf ihr entlang, arm, kalt und müde! Aber die Elbe hat mich wieder ausgekotzt wie einen faulen Bissen. Die Elbe lässt mich nicht schlafen. Ich soll leben, sagst du! Dieses Leben leben? Dann sag mir auch: Wozu? Für wen? Für was?

DER ANDERE: Für dich! Für das Leben! Deine Straße wartet. Und hin und wieder kommen Laternen. Bist du so feige, dass du Angst hast vor der Finsternis zwischen zwei Laternen? Willst du nur Laternen haben? Komm, Beckmann, weiter, bis zur nächsten Laterne.

BECKMANN: Ich habe Hunger, du. Mich friert, hörst du. Ich kann nicht mehr stehen, du, ich bin müde. Mach eine Tür auf, du. Ich habe Hunger! Die Straße ist finster, und alle Türen sind zu. – Halt deinen Mund Jasager, schon deine Lunge für andere: Ich habe Heimweh! Nach meiner Mutter! Ich habe Hunger auf Schwarzbrot! Es brauchen keine Biskuits zu sein, nein, das ist nicht nötig. Meine Mutter hätte sicher 'n Stück Schwarzbrot für mich gehabt – und warme Strümpfe. Und dann hätte ich mich satt und warm zu Herrn Oberst in den weichen Sessel gesetzt und Dostojewski gelesen. Oder Gorki. Das ist herrlich, wenn man satt und warm ist, vom Elend anderer Leute zu lesen und so recht mitleidig zu seufzen. Aber leider fallen mir dauernd die Augen zu. Ich bin hundehundemüde. Ich möchte gähnen können wie ein Hund – bis zum Kehlkopf gähnen. Und ich kann nicht mehr stehen. Ich bin müde, du. Und jetzt will ich nicht mehr. Ich kann nicht mehr, verstehst du? Keinen Millimeter. Keinen -

DER ANDERE: Beckmann, gib nicht nach. Komm, Beckmann, das Leben wartet, Beckmann, komm!

BECKMANN: Ich will nicht Dostojewski lesen, ich habe selber Angst. Ich komme nicht! Nein. Ich bin müde. Nein, du, ich komme nicht. Ich will pennen. Hier vor meiner Tür. Ich setze mich vor meiner Tür auf die Treppe, du, und dann penn ich. Penn ich, penn ich, bis eines Tages die Mauern des Hauses anfangen zu knistern und vor Altersschwäche auseinander zu krümeln. Oder bis zur nächsten Mobilmachung. Ich bin müde wie eine ganze gähnende Welt!

DER ANDERE: Werd nicht müde, Beckmann. Komm. Lebe!

BECKMANN: Dieses Leben? Nein, dieses Leben ist weniger als Nichts. Ich mach nicht mehr mit, du. Was sagst du? Vorwärts, Kameraden, das Stück wird selbstverständlich brav bis zu Ende gespielt. Wer weiß, in welcher finsteren Ecke wir liegen oder an welcher süßen Brust, wenn der Vorhang endlich, endlich fällt. Fünf graue verregnete Akte!

DER ANDERE: Mach mit. Das Leben ist lebendig, Beckmann. Sei mit lebendig!

BECKMANN: Sei still. Das Leben ist so:
1. Akt: Grauer Himmel. Es wird einem wehgetan.
2. Akt: Grauer Himmel. Man tut wieder weh.
3. Akt: Es wird dunkel und es regnet.
4. Akt: Es ist noch dunkler. Man sieht eine Tür.
5. Akt: Es ist Nacht, tiefe Nacht, und die Tür ist zu. Man steht draußen. Draußen vor der Tür. An der Elbe steht man, an der Seine, an der Wolga, am Mississippi. Man steht da, spinnt, friert, hungert und ist verdammt müde. Und dann auf einmal plumpst es, und die Wellen machen niedliche kleine kreisrunde Kreise, und

dann rauscht der Vorhang. Fische und Würmer spendieren einen lautlosen Beifall. – So ist das! Ist das viel mehr als Nichts? Ich – ich mach jedenfalls nicht mehr mit. Mein Gähnen ist groß wie die weite Welt!

5 DER ANDERE: Schlaf nicht ein, Beckmann! Du musst weiter.

BECKMANN: Was sagst du? Du sprichst ja auf einmal so leise.

DER ANDERE: Steh auf, Beckmann, die Straße wartet.

10 BECKMANN: Die Straße wird wohl auf meinen müden Schritt verzichten müssen. Warum bist du denn so weit weg? Ich kann dich gar nicht mehr – kaum noch – ver-stehen – – –
(Er gähnt)

15 DER ANDERE: Beckmann! Beckmann!

BECKMANN: Hm – – – *(Er schläft ein)*

DER ANDERE: Beckmann, du schläfst ja!

BECKMANN *(im Schlaf)*: Ja, ich schlafe.

DER ANDERE: Wach auf, Beckmann, du musst leben!

20 BECKMANN: Nein, ich denke gar nicht daran, aufzuwachen. Ich träume gerade. Ich träume einen wunderschönen Traum.

DER ANDERE: Träum nicht weiter, Beckmann, du musst leben.

25 BECKMANN: Leben? Ach wo, ich träume doch gerade, dass ich sterbe.

DER ANDERE: Steh auf, sag ich! Lebe!

BECKMANN: Nein. Aufstehen mag ich nicht mehr. Ich träume doch gerade so schön. Ich liege auf der Straße
30 und sterbe. Die Lunge macht nicht mehr mit, das Herz macht nicht mehr mit und die Beine nicht. Der ganze Beckmann macht nicht mehr mit, hörst du? Glatte Befehlsverweigerung. Unteroffizier Beckmann macht nicht mehr mit. Toll, was?

35 DER ANDERE: Komm, Beckmann, du musst weiter.

BECKMANN: Weiter? Abwärts, meinst du, weiter abwärts! A bas[1], sagt der Franzose. Es ist so schön, zu sterben, du, das hab ich nicht gedacht. Ich glaube, der Tod

---

1 Nieder! Weg damit!

muss ganz erträglich sein. Es ist doch noch keiner wieder zurückgekommen, weil er den Tod nicht aushalten konnte. Vielleicht ist er ganz nett, der Tod, vielleicht viel netter als das Leben. Vielleicht – – –
Ich glaube sogar, ich bin schon im Himmel. Ich fühl mich gar nicht mehr – und das ist, wie im Himmel sein, sich nicht mehr fühlen. Und da kommt auch ein alter Mann, der sieht aus wie der liebe Gott. Ja, beinahe wie der liebe Gott. Nur etwas zu theologisch. Und so weinerlich. Ob das der liebe Gott ist? Guten Tag, alter Mann. Bist du der liebe Gott?

GOTT *(weinerlich)*: Ich bin der liebe Gott, mein Junge, mein armer Junge!

BECKMANN: Ach, du bist also der liebe Gott. Wer hat dich eigentlich so genannt, lieber Gott? Die Menschen? Ja? Oder du selbst?

GOTT: Die Menschen nennen mich den lieben Gott.

BECKMANN: Seltsam, ja, das müssen ganz seltsame Menschen sein, die dich so nennen. Das sind wohl die Zufriedenen, die Satten, die Glücklichen, und die, die Angst vor dir haben. Die im Sonnenschein gehen, verliebt oder satt oder zufrieden – oder die es nachts mit der Angst kriegen, die sagen: Lieber Gott! Lieber Gott! Aber ich sage nicht Lieber Gott, du, ich kenne keinen, der ein lieber Gott ist, du!

GOTT: Mein Kind, mein armes –

BECKMANN: Wann bist du eigentlich lieb, lieber Gott? Warst du lieb, als du meinen Jungen, der gerade ein Jahr alt war, als du meinen kleinen Jungen von einer brüllenden Bombe zerreißen ließt? Warst du da lieb, als du ihn ermorden ließt, lieber Gott, ja?

GOTT: Ich hab ihn nicht ermorden lassen.

BECKMANN: Nein, richtig. Du hast es nur zugelassen. Du hast nicht hingehört, als er schrie und als die Bomben brüllten. Wo warst du da eigentlich, als die Bomben brüllten, lieber Gott? Oder warst du lieb, als von meinem Spähtrupp elf Mann fehlten? Elf Mann zu wenig, lieber Gott, und du warst gar nicht da, lieber Gott. Die elf Mann haben gewiss laut geschrien in dem einsamen Wald, aber du warst nicht da, einfach nicht da, lieber Gott. Warst du in Stalingrad lieb, lieber Gott, warst du da lieb, wie? Ja? Wann warst du denn eigentlich lieb, Gott, wann? Wann hast du dich jemals um uns gekümmert, Gott?

GOTT: Keiner glaubt mehr an mich. Du nicht, keiner. Ich bin der Gott, an den keiner mehr glaubt. Und um den sich keiner mehr kümmert. Ihr kümmert euch nicht um mich.

BECKMANN: Hat auch Gott Theologie studiert? Wer kümmert sich um wen? Ach, du bist alt, Gott, du bist unmodern, du kommst mit unsern langen Listen von Toten und Ängsten nicht mehr mit. Wir kennen dich nicht mehr so recht, du bist ein Märchenbuchliebergott. Heute brauchen wir einen neuen. Weißt du, einen für unsere Angst und Not. Einen ganz neuen. Oh, wir haben dich gesucht, Gott, in jeder Ruine, in jedem Granattrichter, in jeder Nacht. Wir haben dich gerufen. Gott! Wir haben nach dir gebrüllt, geweint, geflucht! Wo warst du da, lieber Gott? Wo bist du heute Abend? Hast du dich von uns gewandt? Hast du dich ganz in deine schönen alten Kirchen eingemauert, Gott? Hörst du unser Geschrei nicht durch die zerklirrten Fenster, Gott? Wo bist du?

GOTT: Meine Kinder haben sich von mir gewandt, nicht ich von ihnen. Ihr von mir, ihr von mir. Ich bin der Gott, an den keiner mehr glaubt. Ihr habt euch von mir gewandt.

BECKMANN: Geh weg, alter Mann. Du verdirbst mir meinen Tod. Geh weg, ich sehe, du bist nur ein weinerlicher Theologe. Du drehst die Sätze um: Wer kümmert sich um wen? Wer hat sich von wem gewandt? Ihr von mir? Wir von dir? Du bist tot, Gott. Sei lebendig, sei mit uns lebendig, nachts, wenn es kalt ist, einsam und wenn der Magen knurrt in der Stille – dann sei mit uns lebendig, Gott. Ach, geh weg, du bist ein tintenblütiger Theologe, geh weg, du bist weinerlich, alter, alter Mann!

GOTT: Mein Junge, mein armer Junge! Ich kann es nicht ändern! Ich kann es doch nicht ändern!

BECKMANN: Ja, das ist es, Gott. Du kannst es nicht ändern. Wir fürchten dich nicht mehr. Wir lieben nicht mehr. Und du bist unmodern. Die Theologen haben dich alt werden lassen. Deine Hosen sind zerfranst, deine Sohlen durchlöchert, und deine Stimme ist leise geworden – zu leise für den Donner unserer Zeit. Wir können dich nicht mehr hören. 5

GOTT: Nein, keiner hört mich, keiner mehr. Ihr seid zu laut!

BECKMANN: Oder bist du zu leise, Gott? Hast du zu viel Tinte im Blut, Gott, zu viel dünne Theologentinte? Geh, alter Mann, sie haben dich in den Kirchen eingemauert, wir hören einander nicht mehr. Geh, aber sieh zu, dass du vor Anbruch der restlosen Finsternis irgendwo ein Loch oder einen neuen Anzug findest oder einen dunklen Wald, sonst schieben sie dir nachher alles in die Schuhe, wenn es schief gegangen ist. Und fall nicht im Dunkeln, alter Mann, der Weg ist sehr abschüssig und liegt voller Gerippe. Halt dir die Nase zu, Gott. Und dann schlaf auch gut, alter Mann, schlaf weiter so gut. Gute Nacht! 10 15

GOTT: Einen neuen Anzug oder einen dunklen Wald? Meine armen, armen Kinder! Mein lieber Junge – 20

BECKMANN: Ja, geh, gute Nacht!

GOTT: Meine armen, armen – – *(er geht ab)*

BECKMANN: Die alten Leute haben es heute am schwersten, die sich nicht mehr auf die neuen Verhältnisse umstellen können. Wir stehen alle draußen. Auch Gott steht draußen, und keiner macht ihm mehr eine Tür auf. Nur der Tod, der Tod hat zuletzt doch eine Tür für uns. Und dahin bin ich unterwegs. 25

DER ANDERE: Du musst nicht auf die Tür warten, die der Tod uns aufmacht. Das Leben hat tausend Türen. Wer verspricht dir, dass hinter der Tür des Todes mehr ist als nichts? 30

BECKMANN: Und was ist hinter den Türen, die das Leben uns aufmacht? 35

DER ANDERE: Das Leben! Das Leben selbst! Komm, du musst weiter.

BECKMANN: Ich kann nicht mehr. Hörst du nicht, wie meine Lungen rasseln: Kchch – Kchch – Kchch. Ich kann nicht mehr. 40

DER ANDERE: Du kannst. Deine Lungen rasseln nicht.
BECKMANN: Meine Lungen rasseln. Was soll denn sonst so rasseln? Hör doch: Kchch – Kchch – Kchch – Was denn sonst?
5 DER ANDERE: Ein Straßenfegerbesen! Da, da kommt ein Straßenfeger. Kommt da an uns vorbei, und sein Besen kratzt wie eine Asthmalunge über das Pflaster. Deine Lunge rasselt nicht. Hörst du? Das ist der Besen. Hör doch: Kchch – Kchch – Kchch.
10 BECKMANN: Der Straßenfegerbesen macht Kchch – Kchch wie die Lunge eines, der verröchelt. Und der Straßenfeger hat rote Streifen an den Hosen. Es ist ein Generalstraßenfeger. Ein deutscher Generalstraßenfeger. Und wenn der fegt, dann machen die rasselnden Sterbelungen: Kchch – Kchch – Kchch. Straßenfeger! 15
STRASSENFEGER: Ich bin kein Straßenfeger.
BECKMANN: Du bist kein Straßenfeger? Was bist du denn?
STRASSENFEGER: Ich bin ein Angestellter des Beerdigungsinstitutes Abfall und Verwesung.
20 BECKMANN: Du bist der Tod! Und du gehst als Straßenfeger?
STRASSENFEGER: Heute als Straßenfeger. Gestern als General. Der Tod darf nicht wählerisch sein. Tote gibt es überall. Und heute liegen sie sogar auf der Straße. 25 Gestern lagen sie auf dem Schlachtfeld – da war der Tod General, und die Begleitmusik spielte Xylophon. Heute liegen sie auf der Straße, und der Besen des Todes macht Kchch – Kchch.
BECKMANN: Und der Besen des Todes macht Kchch – 30 Kchch. Vom General zum Straßenfeger. Sind die Toten so im Kurs gesunken?
STRASSENFEGER: Sie sinken. Sie sinken. Kein Salut. Kein Sterbegeläut. Keine Grabrede. Kein Kriegerdenkmal. Sie sinken. Sie sinken. Und der Besen macht Kchch – 35 Kchch.
BECKMANN: Musst du schon weiter? Bleib doch hier. Nimm mich mit. Tod, Tod – du vergisst mich ja – Tod!
STRASSENFEGER: Ich vergesse keinen. Mein Xylophon spielt Alte Kameraden, und mein Besen macht Kchch 40 – Kchch – Kchch. Ich vergesse keinen.

BECKMANN: Tod, Tod, lass mir die Tür offen. Tod, mach die Tür nicht zu. Tod –

STRASSENFEGER: Meine Tür steht immer offen. Immer. Morgens. Nachmittags. Nachts. Im Licht und im Nebel. Immer ist meine Tür offen. Immer. Überall. Und mein Besen macht Kchch – Kchch. *(Das Kchch – Kchch wird immer leiser, der Tod geht ab.)*

BECKMANN: Kchch – Kchch. Hörst du, wie meine Lunge rasselt? Wie der Besen eines Straßenfegers. Und der Straßenfeger lässt die Tür weit offen. Und der Straßenfeger heißt Tod. Und sein Besen macht wie meine Lunge, wie eine alte heisere Uhr: Kchch – Kchch ...

DER ANDERE: Beckmann, steh auf, noch ist es Zeit. Komm, atme, atme dich gesund.

BECKMANN: Aber meine Lunge macht doch schon –

DER ANDERE: Deine Lunge macht das nicht. Das war der Besen, Beckmann, von einem Staatsbeamten.

BECKMANN: Von einem Staatsbeamten?

DER ANDERE: Ja, der ist längst vorbei. Komm, steh wieder auf, atme. Das Leben wartet mit tausend Laternen und tausend offenen Türen.

BECKMANN: Eine Tür, eine genügt. Und die lässt er offen, hat er gesagt, für mich, für immer, jederzeit. Eine Tür.

DER ANDERE: Steh auf, du träumst einen tödlichen Traum. Du stirbst an dem Traum. Steh auf.

BECKMANN: Nein, ich bleibe liegen. Hier vor der Tür. Und die Tür steht offen – hat er gesagt. Hier bleib ich liegen. Aufstehen soll ich? Nein, ich träume doch gerade so schön. Einen ganz wunderschönen schönen Traum. Ich träume, träume, dass alles aus ist. Ein Straßenfeger kam vorbei, und der nannte sich Tod. Und sein Besen kratzte wie meine Lunge. Tödlich. Und der hat mir eine Tür versprochen, eine offene Tür. Straßenfeger können nette Leute sein. Nett wie der Tod. Und so ein Straßenfeger ging an mir vorbei.

DER ANDERE: Du träumst, Beckmann, du träumst einen bösen Traum. Wach auf, lebe!

BECKMANN: Leben? Ich liege doch auf der Straße, und alles, alles, du, alles ist aus. Ich jedenfalls bin tot. Alles ist aus, und ich bin tot, schön tot.

DER ANDERE: Beckmann, Beckmann, du musst leben. Alles lebt. Neben dir. Links, rechts, vor dir: die andern. Und du? Wo bist du? Lebe, Beckmann, alles lebt!

BECKMANN: Die andern? Wer ist das? Der Oberst? Der
5 Direktor? Frau Kramer? Leben mit ihnen? Oh, ich bin so schön tot. Die andern sind weit weg, und ich will sie nie wiedersehen. Die andern sind Mörder.

DER ANDERE: Beckmann, du lügst.

BECKMANN: Ich lüge? Sind sie nicht schlecht? Sind sie
10 gut?

DER ANDERE: Du kennst die Menschen nicht. Sie sind gut.

BECKMANN: Oh, sie sind gut. Und in aller Güte haben sie mich umgebracht. Totgelacht. Vor die Tür gesetzt. Davongejagt. In aller Menschengüte. Sie sind stur bis
15 tief in ihre Träume hinein. Bis in den tiefsten Schlaf stur. Und sie gehen an meiner Leiche vorbei – stur bis in den Schlaf. Sie lachen und kauen und singen und schlafen und verdauen an meiner Leiche vorbei. Mein Tod ist nichts.

20 DER ANDERE: Du lügst, Beckmann!

BECKMANN: Doch, Jasager, die Leute gehen an meiner Leiche vorbei. Leichen sind langweilig und unangenehm.

DER ANDERE: Die Menschen gehen nicht an deinem Tod
25 vorbei, Beckmann. Die Menschen haben ein Herz. Die Menschen trauern um deinen Tod, Beckmann, und deine Leiche liegt ihnen nachts noch lange im Wege, wenn sie einschlafen wollen. Sie gehen nicht vorbei.

BECKMANN: Doch, Jasager, das tun sie. Leichen sind häss-
30 lich und unangenehm. Sie gehen einfach und schnell vorbei und halten die Nase und Augen zu.

DER ANDERE: Das tun sie nicht! Ihr Herz zieht sich zusammen bei jedem Toten!

BECKMANN: Pass auf, siehst du, da kommt schon einer.
35 Kennst du ihn noch? Es ist der Oberst, der mich mit seinem alten Anzug zum neuen Menschen machen wollte.
Herr Oberst! Herr Oberst!

OBERST: Donnerwetter, gibt es denn schon wieder Bett-
40 ler? Ist ja ganz wie früher.

BECKMANN: Eben, Herr Oberst, eben. Es ist alles ganz wie früher. Sogar die Bettler kommen aus denselben Kreisen. Aber ich bin gar kein Bettler, Herr Oberst, nein. Ich bin eine Wasserleiche. Ich bin desertiert, Herr Oberst. Ich war ein ganz müder Soldat, Herr Oberst. Ich hieß gestern Unteroffizier Beckmann, Herr Oberst, erinnern Sie noch? Beckmann. Ich war'n bisschen weich, nicht wahr, Herr Oberst, Sie erinnern? Ja, und morgen Abend werde ich dumm und stumm und aufgedunsen an den Strand von Blankenese treiben. Grässlich, wie, Herr Oberst? Und Sie haben mich auf Ihrem Konto, Herr Oberst. Grässlich, wie? Zweitausendundelf plus Beckmann, macht Zweitausendundzwölf. Zweitausendundzwölf nächtliche Gespenster, uha!

OBERST: Ich kenne Sie doch gar nicht, Mann. Nie von einem Beckmann gehört. Was hatten Sie denn für'n Dienstgrad?

BECKMANN: Aber Herr Oberst! Herr Oberst werden sich doch noch an seinen letzten Mord erinnern! Der mit der Gasmaskenbrille und der Sträflingsfrisur und dem steifen Bein! Unteroffizier Beckmann, Herr Oberst.

OBERST: Richtig! Der! Sehen Sie, diese unteren Dienstgrade sind durch die Bank doch alle verdächtig. Torfköpfe, Räsoneure[1], Pazifisten, Wasserleichenaspiranten. Sie haben sich ersoffen? Ja, war'n einer von denen, die ein bisschen verwildert sind im Krieg, 'n bisschen entmenschlicht, ohne jegliche soldatische Tugend. Unschöner Anblick, so was.

BECKMANN: Ja, nicht wahr, Herr Oberst, unschöner Anblick, diese vielen dicken weißen weichen Wasserleichen heutzutage. Und Sie sind der Mörder, Herr Oberst, Sie! Halten Sie das eigentlich aus, Herr Oberst, Mörder zu sein? Wie fühlen Sie sich so als Mörder, Herr Oberst?

OBERST: Wieso? Bitte? Ich?

---

[1] (frz., Sing.: Räsoneur) scharfer Denker, Widerspruchsgeist; im übertragenen Sinne „Nörgler, Quertreiber“

Beckmann: Doch, Herr Oberst, Sie haben mich in den Tod gelacht. Ihr Lachen war grauenhafter als alle Tode der Welt, Herr Oberst. Sie haben mich totgelacht, Herr Oberst!

Oberst *(völlig verständnislos)*: So? Na ja. War'n einer von denen, die sowieso vor die Hunde gegangen wären. Na, guten Abend!

Beckmann: Angenehme Nachtruhe, Herr Oberst! Und vielen Dank für den Nachruf! Hast du gehört, Jasager, Menschenfreund! Nachruf auf einen ertrunkenen Soldaten. Epilog eines Menschen für einen Menschen.

Der Andere: Du träumst, Beckmann, du träumst. Die Menschen sind gut!

Beckmann: Du bist ja so heiser, du optimistischer Tenor! Hat es dir die Stimme verschlagen? O ja, die Menschen sind gut. Aber manchmal gibt es Tage, da trifft man andauernd die paar schlechten, die es gibt. Aber so schlimm sind die Menschen nicht. Ich träume ja nur. Ich will nicht ungerecht sein. Die Menschen sind gut. Nur sind sie so furchtbar verschieden, das ist es, so unbegreiflich verschieden. Der eine Mensch ist ein Oberst, während der andere eben nur ein niederer Dienstgrad ist. Der Oberst ist satt, gesund und hat eine wollene Unterhose an. Abends hat er ein Bett und eine Frau.

Der Andere: Beckmann, träume nicht weiter! Steh auf! Lebe! Du träumst alles schief.

Beckmann: Und der andere, der hungert, der humpelt und hat nicht mal ein Hemd. Abends hat er einen alten Liegestuhl als Bett und das Pfeifen der asthmatischen Ratten ersetzt ihm in seinem Keller das Geflüster seiner Frau. Nein, die Menschen sind gut. Nur verschieden sind sie, ganz außerordentlich voneinander verschieden.

Der Andere: Die Menschen sind gut. Sie sind nur so ahnungslos. Immer sind sie ahnungslos. Aber ihr Herz. Sieh in ihr Herz – ihr Herz ist gut. Nur das Leben lässt es nicht zu, dass sie ihr Herz zeigen. Glaube doch, im Grunde sind sie alle gut.

Beckmann: Natürlich. Im Grunde. Aber der Grund ist meistens so tief, du. So unbegreiflich tief. Ja, im Grunde sind sie gut – nur verschieden eben. Einer ist weiß und der andere grau. Einer hat 'ne Unterhose, der andere nicht. Und der graue ohne Unterhose, das bin ich. Pech gehabt. Wasserleiche Beckmann, Unteroffizier a. D., Mitmensch a. D. 5

DER ANDERE: Du träumst, Beckmann, steh auf. Lebe! Komm, sieh, die Menschen sind gut.

BECKMANN: Und sie gehen an meiner Leiche vorbei und kauen und lachen und spucken und verdauen. So gehen sie an meinem Tod vorbei, die guten Guten. 10

DER ANDERE: Wach auf, Träumer! Du träumst einen schlechten Traum, Beckmann. Wach auf!

BECKMANN: O ja, ich träume einen schaurig schlechten Traum. Da, da kommt der Direktor von dem Kabarett. Soll ich mit ihm ein Interview machen, Antworter? 15

DER ANDERE: Komm, Beckmann! Lebe! Die Straße ist voller Laternen. Alles lebt! Lebe mit!

BECKMANN: Soll ich mitleben? Mit wem? Mit dem Obersten? Nein!

DER ANDERE: Mit den andern, Beckmann. Lebe mit den andern. 20

BECKMANN: Auch mit dem Direktor?

DER ANDERE: Auch mit ihm. Mit allen.

BECKMANN: Gut. Auch mit dem Direktor. Hallo, Herr Direktor! 25

DIREKTOR: Wie? Ja? Was ist?

BECKMANN: Kennen Sie mich?

DIREKTOR: Nein – doch, warten Sie mal. Gasmaskenbrille, Russenfrisur, Soldatenmantel. Ja, der Anfänger mit dem Ehebruchchanson! Wie hießen Sie denn gleich? 30

BECKMANN: Beckmann.

DIREKTOR: Richtig. Na, und?

BECKMANN: Sie haben mich ermordet, Herr Direktor.

DIREKTOR: Aber, mein Lieber –

BECKMANN: Doch. Weil Sie feige waren. Weil Sie die Wahrheit verraten haben. Sie haben mich in die nasse Elbe getrieben, weil Sie dem Anfänger keine Chance gaben anzufangen. Ich wollte arbeiten. Ich hatte Hunger. Aber Ihre Tür ging hinter mir zu. Sie haben mich in die Elbe gejagt, Herr Direktor. 35 40

DIREKTOR: Müssen ja ein sensibler Knabe gewesen sein. Laufen in die Elbe, in die nasse ...

BECKMANN: In die nasse Elbe, Herr Direktor. Und da habe ich mich mit Elbwasser vollaufen lassen, bis ich satt war. Einmal satt, Herr Direktor, und dafür tot. Tragisch, was? Wär das nicht ein Schlager für Ihre Revue? Chanson der Zeit: Einmal satt und dafür tot!

DIREKTOR *(sentimental, aber doch sehr oberflächlich)*: Das ist ja schaurig! Sie waren einer von denen, die ein bisschen sensibel sind. Unangebracht heute, durchaus fehl am Platz. Sie waren ganz wild auf die Wahrheit versessen, Sie kleiner Fanatiker!
Hätten mir das ganze Publikum kopfscheu gemacht mit Ihrem Gesang.

BECKMANN: Und da haben Sie mir die Tür zugeschlagen, Herr Direktor. Und da unten lag die Elbe.

DIREKTOR *(wie oben)*: Die Elbe, ja. Ersoffen. Aus. Arme Sau. Vom Leben überfahren. Erdrückt und breit gewalzt. Einmal satt und dafür tot. Ja, wenn wir alle so empfindlich sein wollten!

BECKMANN: Aber das sind wir ja nicht, Herr Direktor. So empfindlich sind wir ja nicht ...

DIREKTOR *(wie oben)*: Weiß Gott nicht, nein. Sie waren eben einer von denen, von den Millionen, die nun mal humpelnd durchs Leben müssen und froh sind, wenn sie fallen. In die Elbe, in die Spree, in die Themse – wohin, ist egal. Eher haben sie doch keine Ruhe.

BECKMANN: Und Sie haben mir den Fußtritt gegeben, damit ich fallen konnte.

DIREKTOR: Unsinn! Wer sagt denn das? Sie waren prädestiniert für tragische Rollen. Aber der Stoff ist toll! Ballade eines Anfängers: Die Wasserleiche mit der Gasmaskenbrille! Schade, dass das Publikum so was nicht sehen will. Schade ... *(ab)*.

BECKMANN: Angenehme Nachtruhe, Herr Direktor!
Hast du das gehört? Soll ich weiterleben mit dem Herrn Oberst? Und weiterleben mit dem Herrn Direktor?

DER ANDERE: Du träumst, Beckmann, wach auf.

BECKMANN: Träum ich? Seh ich alles verzerrt durch diese elende Gasmaskenbrille? Sind alles Marionetten? Groteske, karikierte Menschenmarionetten? Hast du den Nachruf gehört, den mein Mörder mir gewidmet hat? Epilog auf einen Anfänger: Auch einer von denen – du, Anderer! Soll ich leben bleiben? Soll ich weiterhumpeln auf der Straße? Neben den anderen? Sie haben alle dieselben gleichen gleichgültigen entsetzlichen Visagen. Und sie reden alle so unendlich viel, und wenn man dann um ein einziges Ja bittet, sind sie stumm und dumm, wie – ja, eben wie die Menschen. Und feige sind sie. Sie haben uns verraten. So furchtbar verraten. Wie wir noch ganz klein waren, da haben sie Krieg gemacht. Und als wir größer waren, da haben sie vom Krieg erzählt. Begeistert. Immer waren sie begeistert. Und als wir dann noch größer waren, da haben sie sich auch für uns einen Krieg ausgedacht. Und da haben sie uns dann hingeschickt. Und sie waren begeistert. Immer waren sie begeistert. Und keiner hat uns gesagt, wo wir hingingen. Keiner hat uns gesagt, ihr geht in die Hölle. O nein, keiner. Sie haben Marschmusik gemacht und Langemarckfeiern[1]. Und Kriegsberichte und Aufmarschpläne. Und Heldengesänge und Blutorden[2]. So begeistert waren sie. Und dann war der Krieg endlich da. Und dann haben sie uns hingeschickt. Und sie haben uns nichts gesagt. Nur – Macht's gut, Jungens!, haben sie gesagt. Macht's gut, Jungens! So haben sie uns verraten. So furchtbar verraten. Und jetzt sitzen sie hinter ihren Türen. Herr Studienrat, Herr Direktor, Herr Gerichtsrat, Herr Oberarzt. Jetzt hat uns keiner hingeschickt. Nein, keiner. Alle sitzen sie jetzt hinter ihren Türen. Und ihre Tür haben sie fest zu. Und wir stehen draußen. Und von ihren Kathedern und von ihren Sesseln zeigen sie mit dem Finger auf uns. So haben sie uns verra-

1 zur Erinnerung an die blutigen Schlachten in Flandern (Okt./Nov. 1914) in Deutschland durchgeführte Feierlichkeiten mit revanchistischem Charakter

2 für die Beteiligung am Marsch zur Feldherrnhalle 1923 in München (Hitler-Putsch) verliehenes Ehrenzeichen der NSDAP

ten. So furchtbar verraten. Und jetzt gehen sie an ihrem Mord vorbei, einfach vorbei. Sie gehn an ihrem Mord vorbei.

DER ANDERE: Sie gehn nicht vorbei, Beckmann. Du über-
5 treibst. Du träumst. Sieh auf das Herz, Beckmann. Sie haben ein Herz! Sie sind gut!

BECKMANN: Aber Frau Kramer geht an meiner Leiche vorbei.

DER ANDERE: Nein! Auch sie hat ein Herz!

10 BECKMANN: Frau Kramer!

FRAU KRAMER: Ja?

BECKMANN: Haben Sie ein Herz, Frau Kramer? Wo hatten Sie Ihr Herz, Frau Kramer, als Sie mich ermordeten? Doch, Frau Kramer, Sie haben den Sohn von den alten
15 Beckmanns ermordet. Haben Sie nicht auch seine Eltern mit erledigt, wie? Na, ehrlich, Frau Kramer, so ein bisschen nachgeholfen, ja? Ein wenig das Leben sauer gemacht, nicht wahr? Und dann den Sohn in die Elbe gejagt – aber Ihr Herz, Frau Kramer, was sagt Ihr
20 Herz?

FRAU KRAMER: Sie mit der ulkigen Brille sind in die Elbe gemacht? Dass ich mir das nicht gedacht hab. Kamen mir gleich so melancholisch vor, Kleiner. Macht sich in die Elbe! Armer Bengel! Nein aber auch!

25 BECKMANN: Ja, weil Sie mir so herzlich und innig taktvoll das Ableben meiner Eltern vermittelten. Ihre Tür war die letzte. Und Sie ließen mich draußen stehn. Und ich hatte tausend Tage, tausend sibirische Nächte auf diese Tür gehofft. Sie haben einen kleinen Mord
30 nebenbei begangen, nicht wahr?

FRAU KRAMER *(robust, um nicht zu heulen)*: Es gibt eben Figuren, die haben egal Pech. Sie waren einer von denen. Sibirien. Gashahn. Ohlsdorf. War wohl'n bisschen happig. Geht mir ans Herz, aber wo kommt man
35 hin, wenn man alle Leute beweinen wollte! Sie sahen gleich so finster aus, Junge. So ein Bengel! Aber das darf uns nicht kratzen, sonst wird uns noch das bisschen Margarine schlecht, das man auf Brot hat. Macht einfach davon ins Gewässer. Ja, man erlebt was! Jeden
40 Tag macht sich einer davon.

BECKMANN: Ja, ja, leben Sie wohl, Frau Kramer!
Hast du gehört, Anderer? Nachruf einer alten Frau mit Herz auf einen jungen Mann. Hast du gehört, schweigsamer Antworter?

DER ANDERE: Wach – auf – Beckmann – 5

BECKMANN: Du sprichst ja plötzlich so leise. Du stehst ja plötzlich so weit ab.

DER ANDERE: Du träumst einen tödlichen Traum, Beckmann. Wach auf! Lebe! Nimm dich nicht so wichtig. Jeden Tag wird gestorben. Soll die Ewigkeit voll Trau- 10 ergeschrei sein? Lebe! Iss dein Margarinebrot, lebe! Das Leben hat tausend Zipfel. Greif zu! Steh auf!

BECKMANN: Ja, ich stehe auf. Denn da kommt meine Frau. Meine Frau ist gut. Nein, sie bringt ihren Freund mit. Aber sie war früher doch gut. Warum bin ich auch 15 drei Jahre in Sibirien geblieben? Sie hat drei Jahre gewartet, das weiß ich, denn sie war immer gut zu mir. Die Schuld habe ich. Aber sie war gut. Ob sie heute noch gut ist?

DER ANDERE: Versuch es! Lebe! 20

BECKMANN: Du! Erschrick nicht, ich bin es. Sieh mich doch an! Dein Mann. Beckmann, ich. Du, ich hab mir das Leben genommen, Frau. Das hättest du nicht tun sollen, du, das mit dem andern. Ich hatte doch nur dich! Du hörst mich ja gar nicht! Du! Ich weiß, du hast 25 zu lange warten müssen. Aber sei nicht traurig, mir geht es jetzt gut. Ich bin tot. Ohne dich wollte ich nicht mehr! Du! Sieh mich doch an! Du!
(Die Frau geht in enger Umarmung mit ihrem Freund langsam vorbei, ohne Beckmann zu hören) 30
Du! Du warst doch meine Frau! Sieh mich doch an, du hast mich doch umgebracht, dann kannst du mich doch noch mal ansehen! Du, du hörst mich ja gar nicht! Du hast mich doch ermordet, du – und jetzt gehst du einfach vorbei? Du, warum hörst du mich 35 denn nicht? *(Die Frau ist mit dem Freund vorbeigegangen.)* Sie hat mich nicht gehört. Sie kennt mich schon nicht mehr. Bin ich schon so lange tot? Sie hat mich vergessen und ich bin erst einen Tag tot. So gut, oh, so gut sind die Menschen! Und du? Jasager, Hurraschrei- 40

er, Antworter?! Du sagst ja nichts! Du stehst ja so weit ab. Soll ich weiterleben? Deswegen bin ich von Sibirien gekommen! Und du, du sagst, ich soll leben! Alle Türen links und rechts der Straße sind zu. Alle Laternen sind ausgegangen, alle. Und man kommt nur vorwärts, weil man fällt! Und du sagst, ich soll weiter fallen? Hast du nicht noch einen Fall für mich, den ich tun kann? Geh nicht so weit weg, Schweigsamer du, hast du noch eine Laterne für mich in der Finsternis? Rede, du weißt doch sonst immer so viel!

DER ANDERE: Da kommt das Mädchen, das dich aus der Elbe gezogen hat, das dich gewärmt hat. Das Mädchen, Beckmann, das deinen dummen Kopf küssen wollte. Sie geht nicht an deinem Tod vorbei. Sie hat dich überall gesucht.

BECKMANN: Nein! Sie hat mich nicht gesucht! Kein Mensch hat mich gesucht! Ich will nicht immer wieder daran glauben. Ich kann nicht mehr fallen, hörst du! Mich sucht kein Mensch!

DER ANDERE: Das Mädchen hat dich überall gesucht!

BECKMANN: Jasager, du quälst mich! Geh weg!

MÄDCHEN *(ohne ihn zu sehen)*: Fisch! Fisch! Wo bist du? Kleiner kalter Fisch!

BECKMANN: Ich? Ich bin tot.

MÄDCHEN: Oh, du bist tot? Und ich suche dich auf der ganzen Welt!

BECKMANN: Warum suchst du mich?

MÄDCHEN: Warum? Weil ich dich liebe, armes Gespenst! Und nun bist du tot? Ich hätte dich so gerne geküsst, kalter Fisch!

BECKMANN: Stehn wir nur auf und gehn weiter, weil die Mädchen nach uns rufen? Mädchen?

MÄDCHEN: Ja, Fisch?

BECKMANN: Wenn ich nun nicht tot wäre?

MÄDCHEN: Oh, dann würden wir zusammen nach Hause gehen, zu mir. Ja, sei wieder lebendig, kleiner kalter Fisch! Für mich. Mit mir. Komm, wir wollen zusammen lebendig sein.

BECKMANN: Soll ich leben? Hast du mich wirklich gesucht?

MÄDCHEN: Immerzu. Dich! Und nur dich. Die ganze Zeit über dich. Ach, warum bist du tot, armes graues Gespenst? Willst du nicht mit mir lebendig sein?
BECKMANN: Ja, ja, ja. Ich komme mit. Ich will mit dir lebendig sein! 5
MÄDCHEN: Oh, mein Fisch!
BECKMANN: Ich steh auf. Du bist die Lampe, die für mich brennt. Für mich ganz allein. Und wir wollen zusammen lebendig sein. Und wir wollen ganz dicht nebeneinander gehen auf der dunklen Straße. Komm, wir 10 wollen miteinander lebendig sein und ganz dicht sein – – –
MÄDCHEN: Ja, ich brenne für dich ganz allein auf der dunklen Straße.
BECKMANN: Du brennst, sagst du? Was ist denn das? 15 Aber es wird ja alles ganz dunkel! Wo bist du denn? *(Man hört ganz weit ab das Teck-Tock des Einbeinigen)*
MÄDCHEN: Hörst du? Der Totenwurm klopft – ich muss weg, Fisch, ich muss weg, armes kaltes Gespenst.
BECKMANN: Wo willst du denn hin? Bleib hier! Es ist ja 20 auf einmal alles so dunkel! Lampe, kleine Lampe! Leuchte! Wer klopft da? Da klopft doch einer? Teck – tock – teck – tock! Wer hat denn noch so geklopft? Da – Teck – tock – teck – tock! Immer lauter! Immer näher! Teck – tock – teck – tock! *(Schreit)* Da! *(Flüstert)* Der 25 Riese, der einbeinige Riese mit seinen beiden Krücken. Teck – tock – er kommt näher! Teck – tock – er kommt auf mich zu! Teck – tock – teck – tock!!! *(Schreit)*
DER EINBEINIGE *(ganz sachlich und abgeklärt)*: Beckmann?
BECKMANN *(leise)*: Hier bin ich. 30
DER EINBEINIGE: Du lebst noch, Beckmann? Du hast doch einen Mord begangen. Beckmann. Und du lebst immer noch.
BECKMANN: Ich habe keinen Mord begangen!
DER EINBEINIGE: Doch, Beckmann. Wir werden jeden Tag 35 ermordet und jeden Tag begehen wir einen Mord. Wir gehen jeden Tag an einem Mord vorbei. Und du hast mich ermordet, Beckmann. Hast du das schon vergessen? Ich war doch drei Jahre in Sibirien, Beckmann, und gestern abend wollte ich nach Hause. Aber mein 40

Platz war besetzt – du warst da, Beckmann, auf meinem Platz. Da bin ich in die Elbe gegangen, Beckmann, gleich gestern abend. Wo sollte ich auch anders hin, nicht, Beckmann? Du, die Elbe war kalt und nass. Aber nun habe ich mich schon gewöhnt, nun bin ich ja tot. Dass du das so schnell vergessen konntest, Beckmann. Einen Mord vergisst man doch nicht so schnell. Der muss einem doch nachlaufen, Beckmann. Ja, ich habe einen Fehler gemacht, du. Ich hätte nicht nach Hause kommen dürfen. Zu Hause war kein Platz mehr für mich, Beckmann, denn da warst du. Ich klage dich nicht an, Beckmann, wir morden ja alle, jeden Tag, jede Nacht. Aber wir wollen doch unsere Opfer nicht so schnell vergessen. Wir wollen doch an unseren Morden nicht vorbeigehen. Ja, Beckmann, du hast mir meinen Platz weggenommen. Auf meinem Sofa, bei meiner Frau, bei meiner meiner Frau, von der ich drei Jahre lang geträumt hatte, tausend sibirische Nächte! Zu Hause war ein Mann, der hatte mein Zeug an, Beckmann, das war ihm viel zu groß, aber er hatte es an, und ihm war wohl und warm in dem Zeug und bei meiner Frau. Und du, du warst der Mann, Beckmann. Na, ich habe mich dann verzogen. In die Elbe. War ziemlich kalt, Beckmann, aber man gewöhnt sich bald. Jetzt bin ich erst einen ganzen Tag tot – und du hast mich ermordet und hast den Mord schon vergessen. Das musst du nicht, Beckmann, Morde darf man nicht vergessen, das tun die Schlechten. Du vergisst mich doch nicht, Beckmann, nicht wahr? Das musst du mir versprechen, dass du deinen Mord nicht vergisst!

BECKMANN: Ich vergesse dich nicht.

DER EINBEINIGE: Das ist schön von dir, Beckmann. Dann kann man doch in Ruhe tot sein, wenn wenigstens einer an mich denkt, wenigstens mein Mörder – hin und wieder nur – nachts manchmal, Beckmann, wenn du nicht schlafen kannst! Dann kann ich wenigstens in aller Ruhe tot sein – – – *(geht ab)*

BECKMANN *(wacht auf)*: Teck – tock – teck – tock!!! Wo bin ich? Hab ich geträumt? Bin ich denn nicht tot? Bin ich

denn immer noch nicht tot? Teck – tock – teck – tock durch das ganze Leben! Teck – tock – durch den ganzen Tod hindurch! Teck – tock – teck – tock! Hörst du den Totenwurm? Und ich, ich soll leben! Und jede Nacht wird einer Wache stehen an meinem Bett, und ich werde seinen Schritt nicht los: Teck – tock – teck – tock! Nein!
Das ist das Leben! Ein Mensch ist da, und der Mensch kommt nach Deutschland, und der Mensch friert. Der hungert und der humpelt! Ein Mann kommt nach Deutschland! Er kommt nach Hause, und da ist sein Bett besetzt. Eine Tür schlägt zu, und er steht draußen.
Ein Mann kommt nach Deutschland! Er findet ein Mädchen, aber das Mädchen hat einen Mann, der hat nur ein Bein und der stöhnt andauernd einen Namen. Und der Name heißt Beckmann. Eine Tür schlägt zu, und er steht draußen.
Ein Mann kommt nach Deutschland! Er sucht Menschen, aber ein Oberst lacht sich halb tot. Eine Tür schlägt zu und er steht wieder draußen.
Ein Mann kommt nach Deutschland! Er sucht Arbeit, aber ein Direktor ist feige, und die Tür schlägt zu, und wieder steht er draußen.
Ein Mann kommt nach Deutschland! Er sucht seine Eltern, aber eine alte Frau trauert um das Gas, und die Tür schlägt zu, und er steht draußen.
Ein Mann kommt nach Deutschland! Und dann kommt der Einbeinige – teck – tock – teck – kommt er, teck – tock, und der Einbeinige sagt: Beckmann. Sagt immerzu: Beckmann. Er atmet Beckmann, er schnarcht Beckmann, er stöhnt Beckmann, er schreit, er flucht, er betet Beckmann. Und er geht durch das Leben seines Mörders teck – tock – teck – tock! Und der Mörder bin ich. Ich? der Gemordete, ich, den sie gemordet haben, ich bin der Mörder? Wer schützt uns davor, dass wir nicht Mörder werden? Wir werden jeden Tag ermordet, und jeden Tag begehn wir einen Mord! Wir gehen jeden Tag an einem Mord vorbei! Und der Mörder Beckmann hält das nicht mehr aus, gemordet zu werden und Mörder zu sein. Und er

schreit der Welt ins Gesicht: Ich sterbe! Und dann liegt er irgendwo auf der Straße, der Mann, der nach Deutschland kam, und stirbt. Früher lagen Zigarettenstummel, Apfelsinenschalen und Papier auf der Straße, heute sind es Menschen, das sagt weiter nichts. Und dann kommt ein Straßenfeger, ein deutscher Straßenfeger, in Uniform und mit roten Streifen, von der Firma Abfall und Verwesung und findet den gemordeten Mörder Beckmann. Verhungert, erfroren, liegen geblieben. Im zwanzigsten Jahrhundert. Im fünften Jahrzehnt. Auf der Straße. In Deutschland. Und die Menschen gehen an dem Tod vorbei, achtlos, resigniert, blasiert, angeekelt und gleichgültig, gleichgültig, so gleichgültig! Und der Tote fühlt tief in seinen Traum hinein, dass sein Tod gleich war wie sein Leben: sinnlos, unbedeutend, grau. Und du – du sagst, ich soll leben! Wozu? Für wen? Für was? Hab ich kein Recht auf meinen Tod? Hab ich kein Recht auf meinen Selbstmord? Soll ich mich weiter morden lassen und weiter morden? Wohin soll ich denn? Wovon soll ich leben? Mit wem? Für was? Wohin sollen wir denn auf dieser Welt! Verraten sind wir. Furchtbar verraten.

Wo bist du, Anderer? Du bist doch sonst immer da!
Wo bist du jetzt, Jasager? Jetzt antworte mir! Jetzt brauche ich dich, Antworter! Wo bist du denn? Du bist ja plötzlich nicht mehr da! Wo bist du, Antworter, wo bist du, der mir den Tod nicht gönnte! Wo ist denn der alte Mann, der sich Gott nennt?

Warum redet er denn nicht!!

Gebt doch Antwort!

Warum schweigt ihr denn? Warum?

Gibt denn keiner eine Antwort?

Gibt keiner Antwort???

Gibt denn keiner, keiner Antwort???

Anhang

1. Biografie Wolfgang Borcherts

Wolfgang Borchert im letzten Lebensjahr

* 20.5.1921 *in Hamburg*
† 20.11.1947 *in Basel*

Borchert ist einer der wenigen früh gereiften Autoren der deutschen Literatur um 1945 – früh gereift durch die Zeitumstände, die sein kurzes Leben entscheidend bestimmten. Geboren 1921 in Hamburg, war er gerade achtzehn, als der Zweite Weltkrieg ausbrach. Den Zwanzigjährigen finden wir bereits in Russland. Feldpostbriefe, in denen er die Sinnlosigkeit des Krieges artikulierte, brachten ihm die

Wolfgang Borchert: Selbstbildnis als Heimkehrer. Zeitungsausschnitt einer Tuschzeichnung

Verurteilung zum Tode ein. Doch zur „Frontbewährung“ erhielt er noch einmal eine „Chance“. Er wurde abermals eingezogen. Es war sein „Glück“, dass sein Körper den Strapazen des Krieges bald nicht mehr gewachsen war; jetzt wurde er an der „Heimatfront“ eingesetzt. Auch hier erregte er bald wieder Anstoß und wurde in Berlin wegen „Wehrkraftzersetzung“ inhaftiert. Bis 1945 blieb er im Gefängnis Moabit, dann kehrte er krank nach Hamburg zurück. Jetzt beginnt Borchert zu schreiben: Gedichte und Kurzgeschichten. Einige davon werden häufig in der Schule gelesen: *An diesem Dienstag, Schischyphusch, Die drei dunklen Könige*. Es sind Prosatexte, die noch heute unter die Haut gehen, ihre Helden sind häufig arme, vom Krieg gezeichnete Menschenwracks. Berühmt bis in unsere Tage wurde Borchert durch sein viel gespieltes Theaterstück *Draußen vor der Tür* (1947), wie seine Erzählungen ein Dokument der sog. „Kahlschlagliteratur“ der „Stunde Null“. Es ist die Geschichte des Unteroffiziers Beckmann, der, als er aus Krieg und Gefangenschaft nach Hause kommt, seine Frau in den Armen eines anderen findet. Auch sonst sieht Beckmann nirgends eine Möglichkeit, wieder ein „normales“ Leben zu führen. Die Menschen haben ihn kaputt gemacht, und auch der „liebe Gott“ kann nicht mehr helfen. So ist *Draußen vor der Tür* mehr als eine Anklage gegen die Sinnlosigkeit des Krieges. Das Stück, ursprünglich ein Hörspiel, traf den Nerv der Zeit und hatte damals eine ungeheure Wirkung: Das Heimkehrerschicksal des Unteroffiziers Beckmann war wahrlich kein Einzelfall! Der Autor selbst erlebte die Uraufführung nicht mehr; er starb einen Tag zuvor in einem Sanatorium in Basel. Sein Gesundheitszustand hatte sich infolge unzulänglicher medizinischer Versorgung ständig verschlechtert. Der Ruhm seines schmalen Werkes überlebte ihn bis heute. *Draußen vor der Tür* ist der erste Versuch, das „Trauma“ des Kriegs und seiner Gräuel zu „bewältigen“ und hat bis heute nichts von seiner erschütternden Wirkung auf Leser und Theaterpublikum eingebüßt.

Aus: Heinrich Pleticha: dtv junior Literatur-Lexikon. Berlin/München: Cornelsen Verlag und Deutscher Taschenbuch Verlag 1996, S. 112

Der zerstörte Hamburger Hauptbahnhof, 1945

Nissenhütten in Hamburg, 1945
In einer Eilbecker Trümmerlandschaft, in der allein ein Bunker intakt zwischen Schuttbergen und Häuserskeletten herausragt, ist in einem freigeräumten Straßenzug eine Siedlung von Nissenhütten installiert worden.
(nach dem englischen Offizier P. N. Nissen benannte halbrunde Wellblechbaracken)

Lebensmittelkarte Gültig vom 20. 8. bis 16. 9. 1945 **Jgd 79**

für Kinder und Jugendliche von 6 bis 18 Jahren

EM 79 Bestellschein für [illegible] 20. 8. bis 16. 9. 1945 [illegible] Hamburg

Landes- und Hauptemährungsamt Hamburg **2**

Name: ....

Wohnort: ....

Straße: ....

Lose Abschnitte sind ungültig 000089

4. Woche		3. Woche		2. Woche		1. Woche	
14 Fleisch Jgd 79	13 Fleisch Jgd 79	10 Fleisch Jgd 79	9 Fleisch Jgd 79	6 Fleisch Jgd 79	5 Fleisch Jgd 79	2 Fleisch Jgd 79	1 Fleisch Jgd 79
16 Fleisch Jgd 79	15 Fleisch Jgd 79	12 Fleisch Jgd 79	11 Fleisch Jgd 79	8 Fleisch Jgd 79	7 Fleisch Jgd 79	4 Fleisch Jgd 79	3 Fleisch Jgd 79
	20 Jgd 79		19 Jgd 79		18 Jgd 79		17 Jgd 79
30 BROT Jgd 79		27 BROT Jgd 79		24 BROT Jgd 79		21 BROT Jgd 79	
31 Jgd 79		28 Jgd 79		25 Jgd 79		22 BROT Jgd 79	
32 BROT Jgd 79		29 BROT Jgd 79		26 BROT Jgd 79		23 BROT Jgd 79	
39 BROT Jgd 79		37/38 BROT Jgd 79		35/36 BROT Jgd 79		33/34 BROT Jgd 79	
43 BUTTER Jgd 79		42 BUTTER Jgd 79		41 BUTTER Jgd 79		40 BUTTER Jgd 79	
51 Jgd 79	50 Jgd 79	49 Jgd 79	48 Jgd 79	47 Jgd 79	46 Jgd 79	45 Jgd 79	44 Margar. Jgd 79
59 Jgd 79	58 Käse Jgd 79	57 Zucker Jgd 79	56 Marmel. Jgd 79	55 Jgd 79	54 Quark Jgd 79	53 Zucker Jgd 79	52 Marmel. Jgd 79
67 Nährm. Jgd 79	66 Jgd 79	65 Nährm. Jgd 79	64 Nährm. Jgd 79	63 Nährm. Jgd 79	62 Jgd 79	61 Nährm. Jgd 79	60 Nährm. Jgd 79
75 Jgd 79	74 Jgd 79	73	72	71	70	69	68

[illegible]	50 g BROT 79	50 g BROT 79	50 g BROT 79	50 g BROT 79
50 g BROT 79	50 g BROT 79	50 g BROT 79	50 g BROT 79	50 g BROT 79
50 g BROT 79	50 g BROT 79	50 g BROT 79	50 g BROT 79	50 g BROT 79
50 g BROT 79	50 g BROT 79	50 g BROT 79	50 g BROT 79	50 g BROT 79
50 g BROT 79	50 g BROT 79	50 g BROT 79	50 g BROT 79	50 g BROT 79
50 g BROT 79	50 g BROT 79	50 g BROT 79	50 g BROT 79	50 g BROT 79
5 g Margar. 79	5 g Margar. 79	5 g Margar. 79	5 g Margar. 79	5 g Margar. 79
5 g Margar. 79	5 g Margar. 79	5 g Margar. 79	5 g Margar. 79	5 g Margar. 79
5 g Margar. 79	5 g Margar. 79	5 g Margar. 79	5 g Margar. 79	5 g Margar. 79
5 g Margar. 79	5 g Margar. 79	5 g Margar. 79	5 g Margar. 79	5 g Margar. 79
5 g Margar. 79	5 g Margar. 79	5 g Margar. 79	5 g Margar. 79	5 g Margar. 79
5 g Margar. 79	5 g Margar. 79	5 g Margar. 79	5 g Margar. 79	5 g Margar. 79
5 g Margar. 79	5 g Margar. 79	5 g Margar. 79	5 g Margar. 79	5 g Margar. 79
5 g Margar.	5 g Margar.	5 g Margar.	5 g Margar.	5 g Margar.

Lebensmittelkarte, 1945

Kinderelend, 1945

2. Zur Werk- und Aufführungsgeschichte von „Draußen vor der Tür“

Ein Überblick

Draußen vor der Tür von Wolfgang Borchert ist ein Heimkehrer-Drama, ein Stück über die Gegenwart gleich nach dem Zweiten Weltkrieg, aus dieser erlebten Gegenwart unmittelbar heraus entstanden und sie charakterisierend.
5 Ein Landser kommt von der Ostfront nach Hause. Er hat acht Jahre seines Lebens für Krieg und Gefangenschaft geopfert, ist betrogen worden um seine Jugend und seine Ideale und sieht sich jetzt, bei seiner Heimkehr, am Nullpunkt dieses Lebens angelangt. Es ist das Allerweltsschick-
10 sal dieser Zeit, das Schicksal von Millionen Kriegsheimkehrern, Flüchtlingen, Heimatvertriebenen, die dem Kriegschaos entkommen sind. Eine ganze Generation steht vor der Stunde Null: Für einige ist es das Ende, für die meisten der Versuch des Neubeginns. Es ist die Geschichte „von
15 einem Mann, der nach Deutschland kommt, einer von denen. Einer von denen, die nach Hause kommen und die dann doch nicht nach Hause kommen, weil für sie kein Zuhause mehr da ist. Und ihr Zuhause ist dann draußen vor der Tür. Ihr Deutschland ist draußen, nachts im Regen,
20 auf der Straße. Das ist ihr Deutschland“, heißt es in der Vorbemerkung zum Stück. *Draußen vor der Tür* ist das Drama einer unmöglich gemachten Heimkehr, einer Wanderung durch das Grauen jener Zeit, das Dokument einer Welt am Neuanfang.
25 Keiner gibt dem Kriegsheimkehrer Beckmann sein früheres Zuhause zurück, gibt ihm Hoffnung auf eine neue Zukunft oder überhaupt nur eine Antwort auf die Frage, wo er hin soll. Auch sein anderes Ich nicht, das ihn zwar in- und auswendig kennt, von der Schulbank bis Stalingrad, das
30 immer dabei ist, wenn die Türen vor Beckmann zugeschlagen werden, das ihn aber am Ende doch allein lässt, weil die Zwiesprache nutzlos war. Auch die Elbe will ihn nicht – die Natur verweigert sich –, und weder Gott noch der Tod schenken ihm Gehör.

Beckmann kann nicht Fuß fassen, weil die Menschen gedankenlos zur Tagesordnung übergehen, über das erlebte Grauen hinwegleben und ihn dabei ins Abseits stellen. *Draußen vor der Tür* ist nebenbei auch eine Abrechnung mit der politischen Vergangenheit des deutschen Kleinbürgers, mit der bedenkenlosen Biederkeit, in der viele die Augen verschlossen hielten. Im Stück wird erzählt, dass die Eltern des Heimkehrers Beckmann in den Tod gegangen seien, weil sie Nazis gewesen waren und im Zusammenhang mit ihrer Entnazifizierung Wohnung und Pension verloren haben. Auch Borcherts Eltern waren in der Partei, die Mutter zudem in der NS-Frauenschaft.
Draußen vor der Tür entstand im Januar 1947 als Hörspiel für den Nordwestdeutschen Rundfunk Hamburg. Der Schauspieler Hans Quest, dem das Stück zugeeignet ist und der auch der erste Beckmann war, erinnert sich: „Es hat wohl kaum ein Hörspiel gegeben, das so wie ein Blitz einschlug und so viele Menschen bewegte: Innerhalb einer Woche wurde es dreimal gesendet." Wenig später kam es dann auch auf die Bühne der von Ida Ehre geleiteten Kammerspiele in Hamburg. Es war der 21. November 1947. Borchert hat die Premiere nicht mehr erlebt, er starb einen Tag davor in einem Basler Krankenhaus.
Die Hamburger Uraufführung sollte den Namen Borcherts über Nacht bekannt und zugleich zum Mythos machen. In der Vielzahl der meist ausländischen Theaterstücke, die unmittelbar nach dem Krieg wieder auf deutschen Bühnen gespielt werden durften, nahm Borcherts *Draußen vor der Tür* eine besondere Stellung ein. Das Stück kam aus dem eigenen Land, aus einem aktuellen Notstand heraus und berührte ein Problem, das fast alle anging. Was sich hier Gehör verschaffte, war das komprimierte Leid, die komprimierte Wut des invaliden Heimkehrers. Und all das frisch von der Leber weg formuliert, ohne Anspruch auf poetische Weihen. In seiner Anlage und seiner Ausdrucksart war es ein später Nachzügler der deutschen expressionistischen Dramatik mit dem herausgeschrienen O-Mensch-Pathos und seiner pazifistischen Grundhaltung. Der menschliche Verzweiflungsschrei, mit dem ein Vierteljahrhundert zuvor der Expressionismus auf den Ersten

Weltkrieg geantwortet hatte, konnte jetzt, nach den fürchterlichen psychischen und äußeren Zerstörungen des Zweiten Weltkriegs, ohne weiteres nachempfunden werden.

Borchert wurde deshalb mit einem Schlag zum Dichter jener „Generation der Vergangenheit, ohne Anerkennung, ohne Spur, ohne Bindung, ohne Abschied", die er selbst mit diesen Worten beschrieben hat. Borchert wurde zur Symbolfigur, zur Legende.

Viele Theater spielten das Drama sofort nach. Der Spielfilm machte sich eine eigene Version daraus: *Liebe 47* (Regie: Wolfgang Liebeneiner, mit Karl John und Hilde Krahl). Die so strikt ausgespielte Zeitbezogenheit hatte jedoch zur Folge, dass Borchert in den darauf folgenden Jahren, den so genannten „Wirtschaftswunderjahren", sehr schnell wieder von den Spielplänen verschwand. Diejenigen, die ihn noch unmittelbar nach dem Kriege gelesen und sich in seinen Figuren wieder erkannt hatten, vergaßen jene Zeitereignisse oder verdrängten sie. Borchert, der Dichter einer ganz bestimmten Stunde, war unaktuell geworden. Dann, Ende der fünfziger Jahre, hatte man sich wieder besonnen und hinter dem damaligen Notschrei das Mahnwort herausgehört, dass es so weit nie wieder kommen dürfe.

Es hat sich gezeigt, dass Borcherts Drama ein reifes Werk ist, das seine Wahrheit über die unmittelbaren Nachkriegsjahre hinaus bewahrt hat. Die Hamburger Fernsehfassung 1957 von Rudolf Noelte hat das in erster Linie bewiesen, und viele Bühnenproduktionen, die daraufhin folgten, kehrten denselben Aspekt hervor. Seit 1975 etwa ist *Draußen vor der Tür* wieder zunehmend präsent und nach wie vor fesselnder Diskussionsstoff in den Schulen. Die deutschsprachige Buchausgabe hat mittlerweile die Zweimillionen-Auflage überschritten.

Im Frühjahr 1988 verkleidete sich der Schauspieler Peter Höschler als Penner und hockte sich vor das Wolfgang-Borchert-Theater im Hauptbahnhof Münster oder kauerte manchmal in einer Ecke des Zuschauerraums, wenn *Draußen vor der Tür* gespielt wurde. Vielen Theatergängern war die herumlungernde Gestalt ein Ärgernis, die Bahnpolizei schritt auch einige Male ein. So jedenfalls berichtete die Frankfurter Allgemeine Zeitung. Groß war jedes Mal die Überraschung, wenn der „Penner" während der Vorstellung die Bühne betrat und sich als Borchert-Figur zu erkennen gab. Für den Schauspieler, aber auch für manchen Theaterbesucher war dies Grund zum Nachdenken: So fern ist uns heute Borcherts expressives Heimkehrer-Stück gar nicht, denn auch heute gibt es die Außenseiter, denen die Tür vor der Nase zugeschlagen wird, gibt es Menschen ohne Bleibe. Dies sogar noch, oder erst recht, in einer so genannten Wohlstandsgesellschaft.

Aus: Klaus Jürgen Seidel: dtv junior Schauspielführer. München: Deutscher Taschenbuch Verlag 1992, S. 374 ff.

Verschiedene Sichtweisen

Die Frage, warum „Borchert bis heute noch Rang und Namen – vor allem bei jungen Menschen – [hat]", wird immer wieder gestellt und unterschiedlich beantwortet. Theo Elm nennt in seinem Beitrag zu „Geschichtlichkeit und Aktualität Wolfgang Borcherts" einige interessante Zusammenhänge: „1957 z.B., nach der von Jugendprotesten begleiteten Begründung der Bundeswehr, finden elf Inszenierungen statt, fast jeden Monat eine Neuaufführung in Deutschland. [BRD; in der DDR spielte Borcherts Werk, bedingt durch die offizielle Kulturpolitik, eine eher unwesentliche Rolle.] Dann wird es etwas ruhiger um Borchert, aber 1979 bis 1981, während der vor allem von Studentendemonstrationen begleiteten ‚Nachrüstungsdebatte', ist mit 22 Inszenierungen ein weiterer Aufführungsgipfel erreicht." Elm verweist weiter auf die Tatsache, „dass es in zahlreichen Ländern der Bundesrepublik nach Borchert benannte Schulen gibt und immer noch neue hinzukommen"[1].

[1] Theo Elm: Draußen vor der Tür: Geschichtlichkeit und Aktualität Wolfgang Borcherts. In: Burgess, Gordon und Winter, Hans-Gerd: Pack das Leben bei den Haaren. Wolfgang Borchert in neuer Sicht, Bd. 5 der Schriftenreihe der Hamburgischen Kulturstiftung. Hamburg: Dölling und Galitz Verlag 1996, S. 273

Und er formuliert an anderer Stelle eine interessante These: „Seit jeher hat Borchert mit seinem Drama offenbar deshalb viele erreicht, weil das Rezeptionsspektrum des Stückes größer ist, als es die Kritiker wahrhaben wollen [...]“[1] Diese unterschiedlich verstehende Aufnahme des Textes zeigen auch die verschiedensten Inszenierungen. Einige wenige Beispiele mögen als Beleg dafür dienen und als Anregung, eine eigene Sicht auf das Stück und die einzelnen Figuren zu finden.

Sehr konträre Reaktionen löst bereits die Ausstrahlung des Hörspiels aus:
„Bemängelt wurden die ‚dekadenten Scheußlichkeiten', und natürlich war man schnell mit dem vertrauten Nazi-Begriff ‚entartete Kunst' bei der Hand. ‚Einer von vielen', wie er glaubte, schrieb: ‚Verschont uns doch bitte mit solch einem Zeug. Die heutige Zeit ist wahrhaftig schwer und ernst genug, da will man abends was anderes als von Selbstmord, Mord und Wasserleiche hören.“ Ein ‚alter Ostfrontkämpfer' urteilte noch gröber: ‚In einer Zeit von Not und Elend wagt dieser 25-jährige, geistig völlig unnormale Wolfgang Borchert uns schandbaren Naturalismus vorzusetzen. [...] Es wäre dem N.-W.-deutschen Rundfunk zu empfehlen, den irrsinnigen W. Borchert zum Ruhrbergbau zu melden, damit er sich dort den Wind um die Nase wehen lassen kann! Für alle, welche in dieser furchtbaren Zeit schwer genug ihr tägliches Brot verdienen, ist es eine Beleidigung, einem Wahnsinnigen auf ihre Kosten ein hohes Honorar für derartigen Unsinn zukommen zu lassen.'

Wie eine Antwort auf die abwehrend negativen Reaktionen wirken die Sätze eines Hamburger Fotografen: ‚Es war packend, wahr, aufrüttelnd, großartig. Hörspiele dieser Art müsste das deutsche Publikum oft vorgesetzt bekommen, damit die größere Zahl, die sich noch in einem unwissenden Wahn befindet, langsam zum Nachdenken gelangt.'
Wie stark die Wirkung bei vielen Hörern war, bestätigt ein Dortmunder: ‚Es war für mich das Erschütterndste und Gewaltigste, das ich jemals aus meinem Empfänger ver-

[1] ebenda, S. 274 f.

nommen habe. Vergessen werde ich es wohl nicht so leicht.' Ebenfalls sofort am 13. Februar schrieb ein Elektriker aus Walsrode: „Es ist ein wahres Zeitstück größter Dramatik, welches dazu angetan ist, aus unserer Lethargie wachzurütteln und auf unsere Mitmenschen zu sehen, insbesondere auf unsere entlassenen Kriegsgefangenen ..."'[1]

Von einer Inszenierung Claus Leiningers im Jahre 1968 in Essen berichtet Jutta Gritti:
„Die Antwort auf die Frage, was aus den Heimkehrern von einst geworden ist, führte Leininger dazu, die Hauptrolle des Beckmann in ‚Draußen vor der Tür' auf sechs verschiedene Darsteller zu verteilen, die jeweils am Ende einer Szene von einem neuen ‚Darsteller in Soldatenmantel und Gasmaskenbrille' abgelöst werden und die ‚wechselseitig auch der *Andere*, der Ja-Sager waren'.
Beckmann stand hier ‚für ein Kollektiv. Er verkörpert die zwei Möglichkeiten seiner Generation, die sich dann mit überwältigender Mehrheit dafür entschied, ‹die Straße weiterzugehen›.'
In der letzten Szene – Beckmanns Traumszene – ließ Leininger ‚die ‹Beckmanns› und die ‹Anderen› von damals zuletzt als unsere Zeitgenossen auftreten [...], die jenem exemplarischen Beckmann zwar höchst feierlich ein (verkehrtes) Denkmal setzen, seinem Schicksal und seinen Fragen gegenüber aber mit derselben verständnislosen Gleichgültigkeit begegnen wie er – das heißt: sie – sie damals erleben musste(n)'.
Damit war zwar ‚die Vergangenheit [...] endgültig nur noch Vergangenheit', aber durch den Bezug zu der Sprach- und Verständnislosigkeit, die zwischen der Väter- und Jugendgeneration von 1968 herrschte, gleichzeitig auch wieder hochbrisante Gegenwart. Die Verzweifelten von einst hatten nicht nur ‚ihre Umwandlung in die ‹Anderen› vollzogen', sie waren nicht nur die heute ‚saturierten Beckmänner', sondern auch die Gestalt Beckmanns wurde auf eine andere Generation verlagert. Auch Beckmann war Zeitgenosse von 1968, der gegen die Generation der Väter rebellierte, die auf die gleichen Fragen von 1947 – die sie selbst

[1] Berliner Illustrierte Zeitung, 16. Nov. 1997

gestellt hatte – nun auch keine Antworten wusste, und ‚es ist die Frage, ob ihr an einer Antwort heute noch viel liegt'. Leininger gelang es, ‚aus der Sicht unserer gegenwärtigen Situation eine ‚Neudeutung von Borcherts Drama' auf die Essener Bühne zu bringen. Die Akzentverschiebung, vom antimilitaristischen Stück gegen die Wiederbewaffnung der Bundesrepublik Mitte der 50er-Jahre zur Zustandsbeschreibung der westdeutschen Gesellschaft Ende der 60er-Jahre, ist evident.

In Leiningers Essener Inszenierung stand durch die Aufteilung der Hauptrolle auf sechs Darsteller, die jeweils die Metamorphose in die ‹Anderen› vollziehen, die Zustandsbeschreibung der bundesdeutschen Gesellschaft des Jahres 1968 überdeutlich im Vordergrund der Interpretation. Das Bemerkenswerte an dieser Inszenierung ist, dass der Regisseur, ohne Text oder die Substanz des Stückes zu verändern, ‚Borchert weiterführen [kann] auf unseres eigenes Heute, ohne ihn zu verfälschen'.

Auch vor Leininger hatten viele Regisseure versucht, durch Neuinszenierungen deutlich zu machen, dass das ‚Anliegen Borcherts [...] aktuell geblieben [ist], wie es immer aktuell war' [...] doch schien keinem jener Regisseure diese Aktualisierung so grundlegend gelungen zu sein.

Das Stück, das in seiner Entstehungszeit u.a. als der ‚Versuch' verstanden wurde, ‚das individuelle Verantwortungsbewusstsein wieder zur obersten Instanz zu erheben', erhielt damit auch für diese Phase der Rezeptionsgeschichte eine aktuelle Bedeutung.

Zwei Jahre später sah das ein Kritiker der Wiener Inszenierung ähnlich: Borcherts ‚leidenschaftliche Kritik an der Gesellschaft' sei ‚symptomatisch für die Vereinsamung, Entmutigung, Unsicherheit und Skepsis, von der damals die Deutschen befallen waren'. Es ‚nagt an uns neue Skepsis und Unsicherheit, die Vereinsamung ist wieder akut, nicht wenige, die sich davon entmutigen lassen'."[1]

---

[1] Jutta Gritti: Eine Bühne. Sechs Beckmänner. Jutta Gritti erinnert an die Inszenierung Claus Leiningers 1968 in Essen. In: Jahresheft der Internationalen Wolfgang-Borchert-Gesellschaft e.V., Heft 1 (1989), S. 14 ff.

Betrachten wir die Fotos, die es von Beckmann-Darstellern gibt, so fallen trotz der verschiedenen Schauspieler drei Faktoren immer ins Auge: Borcherts Hauptfigur ist schlank bis hager, von großer Ernsthaftigkeit geprägt und zeichnet sich durch eine starke Mimik aus. Da erscheint die figürliche Besetzung im Münchener Cuvilliés-Theater 1996 schon etwas strittig. Auch sonst ist diese Aufführung höchst problematisch, wie Joachim Kaiser in der „Süddeutschen Zeitung" in seiner Kritik schreibt. „Flotte Textunabhängigkeit" paart sich in Andreas Kriegenburgs Inszenierung mit einer teilweise eigenartig anmutenden Besetzung verschiedener Rollen: „Die Elbe, in welche sich der verzweifelte Kriegsheimkehrer Beckmann stürzt, ist personifiziert als unsentimentales Hamburger Fisch-Weib; dreckig und resolut. Der liebe Gott hinwiederum, an den keiner mehr glaubt, soll ein weinerlicher, hilfloser Greis sein. Das passte Kriegenburg nicht in den Kram. Darum besetzte er den lieben Gott mit der bildschönen, verhalten lasziven Lara Körte, die den Beckmann am Ende (wovon bei Borchert überhaupt nicht die Rede war) tatsächlich noch bedeutungsvoll an Maidanek und Judenerschießungen erinnert. Die Elbe wird von der schlanken Barbara Melzl dunkel-elegant verkörpert.
Nun sind auch mir, auf Ehrenwort, gut gewachsene junge Schauspielerinnen mit tänzerischen Ambitionen in jeder Weise lieber als sabbernde Greise oder keifende, dreckige alte Weiber. Doch wenn Borcherts hier durchaus vernünftige Text-Vorgaben existieren und ein Regisseur sich nicht an sie halten mag – dann hält er offenbar von der ganzen Sache, ihrem Sinn und ihrem So-Sein, wenig.
Kriegenburg beseelt das Bedürfnis nach ‚Intensität'. Er befriedigt es in folgender Weise: Seine Figuren sprechen keineswegs realistisch, die Elbe hat nicht im Mindesten hamburgische Tönung, sondern sie reden reines, edles, im Leid manchmal ein bisschen UFA-feines Bühnendeutsch. Und dann greift Kriegenburg effektvoll steigernd ein. Plötzlich bleiben muntere Kinder oder das sich in Beckmann verliebende ‚Mädchen' von Natali Seelig an einem Wort, einem Satz hängen (‚Frag mich nie nach meinem Mann'). Wiederholen das immer wilder, lauter, ekstatischer. Solche

kleinen Solo-Etüden sprachlich komprimierter Steigerung lässt der Regisseur seine Figuren gern darbieten. Es wirkt intensiv und engagiert zugleich. Die Frau Kramer hinwiederum, die eigentlich gleichgültig, glatt und grauenhaft freundlich Beckmann über den Selbstmord seiner Eltern aufklärt, muss aber darüber hinaus fürchterlich grimassierend eine amerikabegeisterte, Coca-Cola-hafte Ziege vorführen. (‚Veronika Dankeschön' nannten die Amerikaner damals diese deutschen Damen, was die Kürzel V. D. enthielt.) Davon kommt bei Borchert gewiss nichts vor. Kriegenburg aber lässt Judith Hofmann solchen Anti-Amerikanismus grell präsentieren. Das ist dann so unbändig lustig wie einstiges DDR-Kabarett in einer ostdeutschen Mittelstadt.
Sehr viel spannender und kunstvoller nahmen sich einige Kontrapunkte und Widersprüche aus.
Als hätte Beckmann Angst vor entstehendem Gefühl, pustet er unentwegt die Kerze aus, die das Mädchen entzündet. Noch gewagter: Wenn der Heimkehrer zum alten nazihaften Oberst geht, um ihn anzuklagen, dann wirft der Oberst dem Beckmann vor, ein schlapper Kerl zu sein. Klar. Nur: während er es tut, sinkt der Oberst (Alfred Kleinheinz) wie ein Kraftloser, Sterbender, in Beckmanns Arme. Was für ein aufregender, nicht nur absurder Einfall, genauso aberwitzig plausibel, wie das komische, unnatürliche ‚Fisteln' des Anderen (Fred Stillkrauth).
[...] Dem Publikum, zumal dem jüngeren, schien die munter-ungebundene, heiter-intensive Darbietungsart sehr zu gefallen. Wenn in diese Gestimmtheit Finster-Begriffe wie Stalingrad hineindrangen, war das seltsam unangemessen. Peinlich also, aber auch erschreckend. Doch offenbar ließen sich manche Theaterbesucher durchaus gefangen nehmen von der dokumentarischen Qualität des Textes. Vom Leiden, dessen Echo er trotz allem ist."[1]

Zwei Aspekte werden bei aller Unterschiedlichkeit der Betrachtungsweise von Borcherts Stück immer wieder erkennbar.

[1] Joachim Kaiser: Brillante Intensiv-Station. „Draußen vor der Tür" im Münchner Cuvilliés-Theater. In: Süddeutsche Zeitung vom 16.12.1996

1. „‚Draußen vor der Tür' ist ein Antikriegsstück, ist der Notschrei einer verlorenen Generation, ein Schauspiel, dessen lyrisch-visionäre Gestaltungskraft von zeitloser Gültigkeit ist."[1]
2. In ihm „geht es [...] vor allem um die Frage der Verantwortlichkeit des Einzelnen, um die Frage Macht bzw. Benutzung von Macht und Gewalt, und schließlich kann die alte Frage nach der Schuld/Unschuld anhand der Vorlage [...] in einer Art und Weise verdeutlicht"[2] werden, dass der heutige Zuschauer in die Lage versetzt wird, seine ganz persönlichen Antworten zu finden.

---

[1] Volkstheater Rostock. Aus der Ankündigung von Wolfgang Borcherts „Draußen vor der Tür"

[2] Neues Wuppertaler Theater (neue wu Th e. V.). Aus einem Beitrag über die Proben zu Borcherts Stück „Draußen vor der Tür"

Die Aufführungsgeschichte in Bildern

Plakat der Uraufführung von „Draußen vor der Tür"

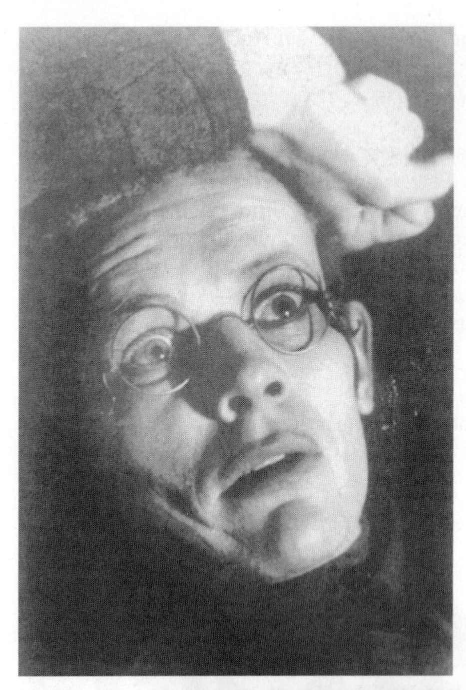

Hans Quest als Heimkehrer Beckmann

1947. Hamburger Kammerspiele. Gerhard Ritter als Oberst in „Draußen vor der Tür“

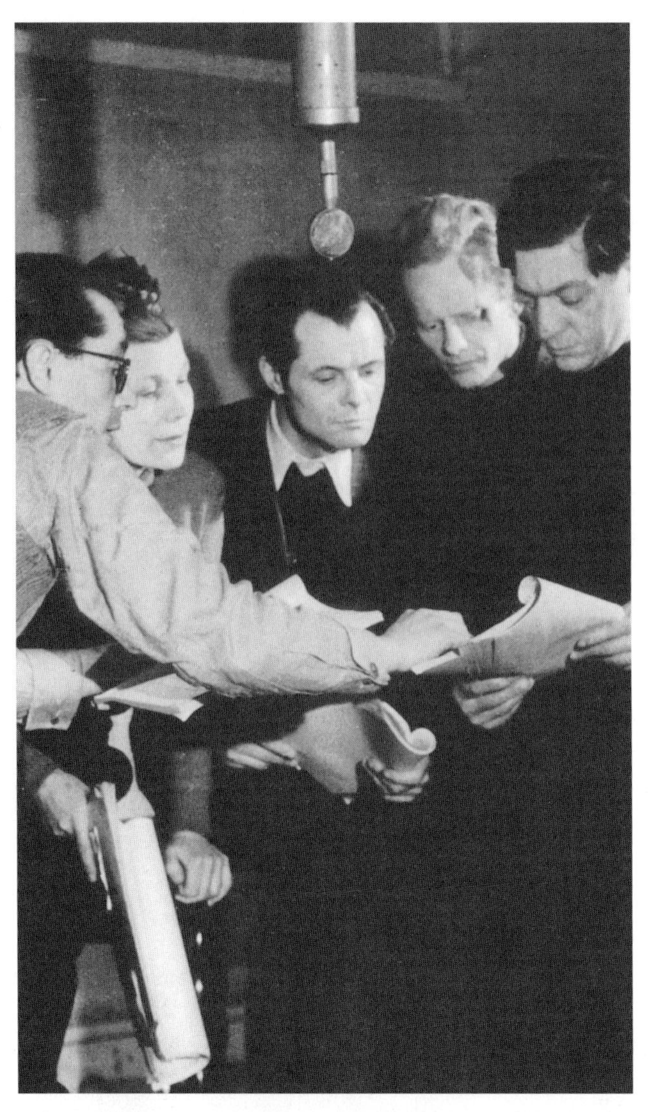

2. Februar 1947. NWDR: Ludwig Cremer, Maria Janke, Heinz Ladiges, Hans Quest und Joseph Dahmen

Plakat zum Film „Liebe 47“

1948. Städtische Bühnen Hannover. Hannes Messemer als Beckmann

1948. Schauspielhaus Zürich. Fred Tanner

1957. Kammerspiele München. Robert Graf (links: Horst Tappert)

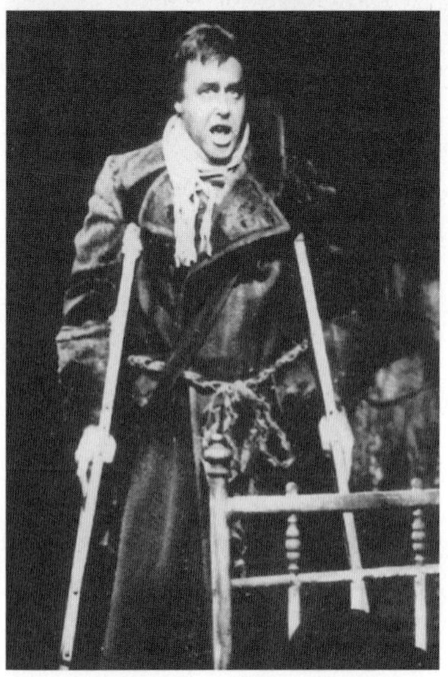

1978. Ungarisches Staatliches Opernhaus Budapest. Der Einbeinige aus der Oper „Draußen vor der Tür“ von Sándor Balassa

Theaterplakat des Comuna-Teatro de Pesquisa, Lissabon, 1981

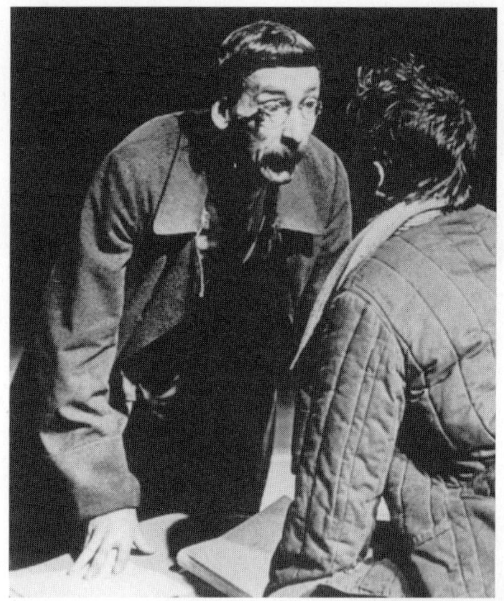

1984. Mecklenburgisches Staatstheater Schwerin. Axel Werner

1995. Ulrich Tukur als Beckmann in den Hamburger Kammerspielen

3. Der „Dichter der verlorenen Generation“ zu Fragen seiner Zeit und seines Schaffens

Wolfgang Borchert war 24 Jahre jung, als er wenige Tage nach Kriegsende in seine zerstörte Heimatstadt Hamburg zurückkehrte. Wie ihm erging es vielen. Was bewegte diese Mittzwanziger, denen der Krieg die Jugend und oft auch die Gesundheit genommen hatte? Was fühlten, dachten, hofften sie?
Der Dichter hat versucht, seine Generation, die so vieles verloren hatte, zu beschreiben: ihr Schicksal, ihre Ängste, ihre Wünsche, ihre Hoffnungen, ihre Vorstellungen von einer Welt nach dem Inferno. Die Texte sind programmatisch, und es sind laute, deutliche Äußerungen. Die Sprache ist wie der Inhalt – beides spiegelt die Dissonanzen der Zeit sowie zwischen und in den Menschen wider.
Bei der „Generation ohne Abschied“ überwiegt die Zerrissenheit. Sie ist „ohne Bindung und ohne Tiefe“ – egal, wann, wo und mit wem eine Begegnung stattfindet. Anklingen lässt Borchert hier das Motiv von „Draußen vor der Tür“: „[...] wir haben nichts, zu dem wir heimkehren könnten, und wir haben keinen, bei dem unser Herz aufgehoben wäre [...]“. Doch am Ende lässt er Hoffnung aufkeimen: „Wir sind eine Generation ohne Abschied, aber wir wissen, dass alle Ankunft uns gehört.“
„Dann gibt es nur eins!“ ist ein machtvoller Appell Borcherts an seine Zeitgenossen, sich gegen die erneute Vorbereitung eines Krieges rechtzeitig und mit allen Mitteln zu wehren. Gleichzeitig beschreibt er die Folgen dessen, was sein wird, wenn die Menschen dazu nicht klar und unüberhörbar „NEIN“ sagen. Sein Aufruf wendet sich vom „Mann an der Maschine“ über den „Besitzer der Fabrik“, den „Dichter“, den „Arzt“ bis zum „Richter“ und „Mann auf dem Bahnhof“. Besonders eindrucksvoll wirken die Worte, die er an die Mütter in aller Welt richtet – eine Parallele zu Brechts bekanntem Gedicht „An meine Landsleute“. Zwar bleiben diejenigen, die er als Vorbereiter eines Krieges sieht, anonym, aber es wird deutlich, dass sie eine Minderheit sind.
Das Motiv der Niederlage und ihrer Folgen für die Borchert-Generation zieht sich wie ein roter Faden durch den Text „Das

ist unser Manifest". Mit den Worten „Wir selbst sind zu viel Dissonanz" kennzeichnet er sie. Es sind Menschen, denen die Vergangenheit des Krieges wie ein Gespenst im Nacken sitzt. Sie kommen von ihren traumatischen Erlebnissen nicht los, die 5 sie in dieser Zeit hatten. Aber sie wollen leben, sich ausleben und lieben, die Menschen und das Land „immer wieder lieben!"

Die folgenden Texte sind der Rowohlt Taschenbuchausgabe 1999 entnommen.

Generation ohne Abschied

Wir sind die Generation ohne Bindung und ohne Tiefe. Unsere Tiefe ist der Abgrund. Wir sind die Generation ohne Glück, ohne Heimat und ohne Abschied. Unsere Sonne ist schmal, unsere Liebe grausam und unsere 5 Jugend ist ohne Jugend. Und wir sind die Generation ohne Grenze, ohne Hemmung und Behütung – ausgestoßen aus dem Laufgitter des Kindseins in eine Welt, die die uns bereitet, die uns darum verachten.

Aber sie gaben uns keinen Gott mit, der unser Herz 10 hätte halten können, wenn die Winde dieser Welt es umwirbelten. So sind wir die Generation ohne Gott, denn wir sind die Generation ohne Bindung, ohne Vergangenheit, ohne Anerkennung.

Und die Winde der Welt, die unsere Füße und unsere 15 Herzen zu Zigeunern auf ihren heiß brennenden und mannshoch verschneiten Straßen gemacht haben, machten uns zu einer Generation ohne Abschied.

Wir sind die Generation ohne Abschied. Wir können keinen Abschied leben, wir dürfen es nicht, denn 20 unserm zigeunernden Herzen geschehen auf den Irrfahrten unserer Füße unendliche Abschiede. Oder soll sich unser Herz binden für eine Nacht, die doch einen Abschied zum Morgen hat? Ertrügen wir den Abschied? Und wollten wir die Abschiede leben wie ihr, die anders 25 sind als wir und den Abschied auskosten mit allen Sekunden, dann könnte es geschehen, dass unsere Tränen zu einer Flut ansteigen würden, der keine Dämme, und wenn sie von Urvätern gebaut wären, widerstehen.

Nie werden wir die Kraft haben, den Abschied, der neben jedem Kilometer an den Straßen steht, zu leben, wie ihr ihn gelebt hat.

Sagt uns nicht, weil unser Herz schweigt, unser Herz hätte keine Stimme, denn es spräche keine Bindung und keinen Abschied. Wollte unser Herz jeden Abschied, der uns geschieht, durchbluten, innig, trauernd, tröstend, dann könnte es geschehen, denn unsere Abschiede sind eine Legion gegen die euren, dass der Schrei unserer empfindlichen Herzen so groß wird, dass ihr nachts in euren Betten sitzt und um einen Gott für uns bittet.

Darum sind wir eine Generation ohne Abschied. Wir verleugnen den Abschied, lassen ihn morgens schlafen, wenn wir gehen, verhindern ihn, sparen ihn – sparen ihn uns und den Verabschiedeten. Wir stehlen uns davon wie Diebe, undankbar dankbar, und nehmen die Liebe mit und lassen den Abschied da.

Wir sind voller Begegnungen, Begegnungen ohne Dauer und ohne Abschied, wie die Sterne. Sie nähern sich, stehen Lichtsekunden nebeneinander, entfernen sich wieder: ohne Spur, ohne Bindung, ohne Abschied.

Wir begegnen uns unter der Kathedrale von Smolensk, wir sind ein Mann und eine Frau – und dann stehlen wir uns davon.

Wir begegnen uns in der Normandie und sind wie Eltern und Kind – und dann stehlen wir uns davon.

Wir begegnen uns eine Nacht am finnischen See und sind Verliebte – und dann stehlen wir uns davon.

Wir begegnen uns auf einem Gut in Westfalen und sind Genießende und Genesende – und dann stehlen wir uns davon.

Wir begegnen uns in einem Keller der Stadt und sind Hungernde, Müde, und bekommen für nichts einen guten satten Schlaf – und dann stehlen wir uns davon.

Wir begegnen uns auf der Welt und sind Mensch mit Mensch – und dann stehlen wir uns davon, denn wir sind ohne Bindung, ohne Bleiben und ohne Abschied. Wir sind eine Generation ohne Abschied, die sich davonstiehlt wie Diebe, weil sie Angst hat vor dem Schrei ihres

Herzens. Wir sind eine Generation ohne Heimkehr, denn wir haben nichts, zu dem wir heimkehren könnten, und wir haben keinen, bei dem unser Herz aufgehoben wäre – so sind wir eine Generation ohne Abschied geworden 5 und ohne Heimkehr.

Aber wir sind eine Generation der Ankunft. Vielleicht sind wir eine Generation voller Ankunft auf einem neuen Stern, in einem neuen Leben. Voller Ankunft unter einer neuen Sonne, zu neuen Herzen. Vielleicht 10 sind wir voller Ankunft zu einem neuen Lieben, zu einem neuen Lachen, zu einem neuen Gott.

Wir sind eine Generation ohne Abschied, aber wir wissen, dass alle Ankunft uns gehört.

Dann gibt es nur eins!

Du. Mann an der Maschine und Mann in der Werkstatt. Wenn sie dir morgen befehlen, du sollst keine Wasserrohre und keine Kochtöpfe mehr machen – sondern Stahlhelme und Maschinengewehre, dann gibt es nur 5 eins:

Sag NEIN!

Du. Mädchen hinterm Ladentisch und Mädchen im Büro. Wenn sie dir morgen befehlen, du sollst Granaten füllen und Zielfernrohre für Scharfschützengewehre 10 montieren, dann gibt es nur eins:

Sag NEIN!

Du. Besitzer der Fabrik. Wenn sie dir morgen befehlen, du sollst statt Puder und Kakao Schießpulver verkaufen, dann gibt es nur eins:

15 Sag NEIN!

Du. Forscher im Laboratorium. Wenn sie dir morgen befehlen, du sollst einen neuen Tod erfinden gegen das alte Leben, dann gibt es nur eins:

Sag NEIN!

20 Du. Dichter in deiner Stube. Wenn sie dir morgen befehlen, du sollst keine Liebeslieder, du sollst Hasslieder singen, dann gibt es nur eins:

Sag NEIN!
Du. Arzt am Krankenbett. Wenn sie dir morgen befehlen, du sollst die Männer kriegstauglich schreiben, dann gibt es nur eins:
Sag NEIN! 5
Du. Pfarrer auf der Kanzel. Wenn sie dir morgen befehlen, du sollst den Mord segnen und den Krieg heilig sprechen, dann gibt es nur eins:
Sag NEIN!
Du. Kapitän auf dem Dampfer. Wenn sie dir morgen 10 befehlen, du sollst keinen Weizen mehr fahren – sondern Kanonen und Panzer, dann gibt es nur eins:
Sag NEIN!
Du. Pilot auf dem Flugfeld. Wenn sie dir morgen befehlen, du sollst Bomben und Phosphor über die Städ- 15 te tragen, dann gibt es nur eins:
Sag NEIN!
Du. Schneider auf deinem Brett. Wenn sie dir morgen befehlen, du sollst Uniformen zuschneiden, dann gibt es nur eins: 20
Sag NEIN!
Du. Richter im Talar. Wenn sie dir morgen befehlen, du sollst zum Kriegsgericht gehen, dann gibt es nur eins:
Sag NEIN! 25
Du. Mann auf dem Bahnhof. Wenn sie dir morgen befehlen, du sollst das Signal zur Abfahrt geben für den Munitionszug und für den Truppentransporter, dann gibt es nur eins:
Sag NEIN! 30
Du. Mann auf dem Dorf und Mann in der Stadt. Wenn sie morgen kommen und dir den Gestellungsbefehl bringen, dann gibt es nur eins:
Sag NEIN!
Du. Mutter in der Normandie und Mutter in der 35 Ukraine, du, Mutter in Frisko und London, du, am Hoangho und am Mississippi, du, Mutter in Neapel und Hamburg und Kairo und Oslo – Mütter in allen Erdteilen, Mütter in der Welt, wenn sie morgen befehlen, ihr sollt Kinder gebären, Krankenschwestern für Kriegsla- 40

zarette und neue Soldaten für neue Schlachten, Mütter in der Welt, dann gibt es nur eins:

Sagt NEIN! Mütter, sagt NEIN!

Denn wenn ihr nicht NEIN sagt, wenn IHR nicht nein sagt, Mütter, dann:

dann:

In den lärmenden dampfdunstigen Hafenstädten werden die großen Schiffe stöhnend verstummen und wie titanische Mammutkadaver wasserleichig träge gegen die toten vereinsamten Kaimauern schwanken, algen-, tang- und muschelüberwest, den früher so schimmernden dröhnenden Leib, friedhöflich fischfaulig duftend, mürbe, siech, gestorben –

die Straßenbahnen werden wie sinnlose glanzlose glasäugige Käfige blöde verbeult und abgeblättert neben den verwirrten Stahlskeletten der Drähte und Gleise liegen, hinter morschen dachdurchlöcherten Schuppen, in verlorenen kraterzerrissenen Straßen –

eine schlammgraue dickbreiige bleierne Stille wird sich heranwälzen, gefräßig, wachsend, wird anwachsen in den Schulen und Universitäten und Schauspielhäusern, auf Sport- und Kinderspielplätzen, grausig und gierig, unaufhaltsam –

der sonnige saftige Wein wird an den verfallenen Hängen verfaulen, der Reis wird in der verdorrten Erde vertrocknen, die Kartoffel wird auf den brachliegenden Äckern erfrieren und die Kühe werden ihre totsteifen Beine wie umgekippte Melkschemel in den Himmel strecken –

in den Instituten werden die genialen Erfindungen der großen Ärzte sauer werden, verrotten, pilzig verschimmeln –

in den Küchen, Kammern und Kellern, in den Kühlhäusern und Speichern werden die letzten Säcke Mehl, die letzten Gläser Erdbeeren, Kürbis und Kirschsaft verkommen – das Brot unter den umgestürzten Tischen und auf zersplitterten Tellern wird grün werden und die ausgelaufene Butter wird stinken wie Schmierseife, das Korn auf den Feldern wird neben verrosteten Pflügen hingesunken sein wie ein erschlagenes Heer und die qualmenden Ziegelschornsteine, die Essen und die Schlote der stampfenden Fabriken werden, vom ewigen Gras zugedeckt, zerbröckeln – zerbröckeln – zerbröckeln – 5

dann wird der letzte Mensch, mit zerfetzten Gedärmen und verpesteter Lunge, antwortlos und einsam unter der giftig glühenden Sonne und unter wankenden Gestirnen umherirren, einsam zwischen den unübersehbaren Massengräbern und den kalten Götzen der gigantischen betonklotzigen verödeten Städte, der letzte Mensch, dürr, wahnsinnig, lästernd, klagend – und seine furchtbare Klage: WARUM? wird ungehört in der Steppe verrinnen, durch die geborstenen Ruinen wehen, versickern im Schutt der Kirchen, gegen Hochbunker klatschen, in Blutlachen fallen, ungehört, antwortlos, letzter Tierschrei des letzten Tieres Mensch –

all dieses wird eintreffen, morgen, morgen vielleicht, vielleicht heute Nacht schon, vielleicht heute Nacht, wenn – – wenn – – wenn ihr nicht

NEIN sagt.

Das ist unser Manifest

Helm ab Helm ab: – Wir haben verloren!

Die Kompanien sind auseinander gelaufen. Die Kompanien, Bataillone, Armeen. Die großen Armeen. Nur die Heere der Toten, die stehn noch. Stehn wie unübersehbare Wälder: dunkel, lila, voll Stimmen. Die Kanonen aber liegen wie erfrorene Urtiere mit steifem Gebein. Lila vor Stahl und überrumpelter Wut. Und die Helme, die rosten. Nehmt die verrosteten Helme ab: Wir haben verloren.

In unsern Kochgeschirren holen magere Kinder jetzt Milch. Magere Milch. Die Kinder sind lila vor Frost. Und die Milch ist lila vor Armut.

Wir werden nie mehr antreten auf einen Pfiff hin und Jawohl sagen auf ein Gebrüll. Die Kanonen und die Feldwebel brüllen nicht mehr. Wir werden weinen, scheißen und singen, wann wir wollen. Aber das Lied von den brausenden Panzern und das Lied von dem Edelweiß werden wir niemals mehr singen. Denn die Panzer und die Feldwebel brausen nicht mehr und das Edelweiß, das ist verrottet unter dem blutigen Singsang. Und kein General sagt mehr Du zu uns vor der Schlacht. Vor der furchtbaren Schlacht.

Wir werden nie mehr Sand in den Zähnen haben vor Angst. (Keinen Steppensand, keinen ukrainischen und keinen aus der Cyrenaika oder den der Normandie – und nicht den bitteren bösen Sand unserer Heimat!) Und nie mehr das heiße tolle Gefühl in Gehirn und Gedärm vor der Schlacht.

Nie werden wir wieder so glücklich sein, dass ein anderer neben uns ist. Warm ist und da ist und atmet und rülpst und summt – nachts auf dem Vormarsch. Nie werden wir wieder so zigeunerig glücklich sein über ein Brot und fünf Gramm Tabak und über zwei Arme voll Heu. Denn wir werden nie wieder zusammen marschieren, denn jeder marschiert von nun an allein. Das ist schön. Das ist schwer. Nicht mehr den sturen knurrenden Andern bei sich zu haben – nachts, nachts beim Vormarsch. Der alles mit anhört. Der niemals was sagt. Der alles verdaut.
Und wenn nachts einer weinen muss, kann er es wieder. Dann braucht er nicht mehr zu singen – vor Angst.

Jetzt ist unser Gesang der Jazz. Der erregte hektische Jazz ist unsere Musik. Und das heiße verrücktolle Lied, durch das das Schlagzeug hinhetzt, katzig, kratzend. Und manchmal nochmal das alte sentimentale Soldatengegröl, mit dem man die Not überschrie und den Müttern absagte. Furchtbarer Männerchor aus bärtigen Lippen, in die einsamen Dämmerungen der Bunker und der Güterzüge gesungen, mundharmonikablechüberzittert:

Männlicher Männergesang – hat keiner die Kinder gehört, die sich die Angst vor den lilanen Löchern der Kanonen weggrölten?

Heldischer Männergesang – hat keiner das Schluchzen der Herzen gehört, wenn sie Juppheidi sangen, die Verdreckten, Krustigen, Bärtigen, Überlausten?

Männergesang. Soldatengegröl, sentimental und übermütig, männlich und basskehlig, auch von den Jünglingen männlich gegrölt: Hört keiner den Schrei nach der Mutter? Den letzten Schrei des Abenteurers Mann? Den furchtbaren Schrei: Juppheidi? 5

Unser Juppheidi und unsere Musik sind ein Tanz über den Schlund, der uns angähnt. Und diese Musik ist der Jazz. Denn unser Herz und unser Hirn haben denselben heißkalten Rhythmus: den erregten, verrückten und hektischen, den hemmungslosen. 10

Und unsere Mädchen, die haben denselben hitzigen Puls in den Händen und Hüften. Und ihr Lachen ist heiser und brüchig und klarinettenhart. Und ihr Haar, das knistert wie Phosphor. Das brennt. Und ihr Herz, das geht in Synkopen, wehmütig wild. Sentimental. So sind 15 unsere Mädchen: wie Jazz. Und so sind die Nächte, die mädchenklirrenden Nächte: wie Jazz: heiß und hektisch. Erregt.

Wer schreibt für uns eine neue Harmonielehre? Wir brauchen keine wohl temperierten Klaviere mehr. Wir 20 selbst sind zu viel Dissonanz.

Wer macht für uns ein lilanes Geschrei? Eine lilane Erlösung? Wir brauchen keine Stillleben mehr. Unser Leben ist laut.

Wir brauchen keine Dichter mit guter Grammatik. Zu 25 guter Grammatik fehlt uns Geduld. Wir brauchen die mit dem heißen heiser geschluchzten Gefühl. Die zu Baum Baum und zu Weib Weib sagen und ja sagen und nein sagen: laut und deutlich und dreifach und ohne Konjunktiv. 30

Für Semikolons haben wir keine Zeit und Harmonien machen uns weich und die Stillleben überwältigen uns: Denn lila sind nachts unsere Himmel. Und das Lila gibt keine Zeit für Grammatik, das Lila ist schrill und ununterbrochen und toll. Über den Schornsteinen, über den 35 Dächern: die Welt: lila. Über unseren hingeworfenen Leibern die schattigen Mulden: die blau beschneiten Augenhöhlen der Toten im Eissturm, die violettwütigen Schlünde der kalten Kanonen – und die lilane Haut unserer Mädchen am Hals und etwas unter der Brust. 40

Lila ist nachts das Gestöhn der Verhungernden und das Gestammel der Küssenden. Und die Stadt steht so lila am nächtlich lilanen Strom.

Und die Nacht ist voll Tod: Unsere Nacht. Denn unser Schlaf ist voll Schlacht. Unsere Nacht ist im Traumtod voller Gefechtslärm. Und die nachts bei uns bleiben, die lilanen Mädchen, die wissen das und morgens sind sie noch blass von der Not unserer Nacht. Und unser Morgen ist voller Alleinsein. Und unser Alleinsein ist dann morgens wie Glas. Zerbrechlich und kühl. Und ganz klar. Es ist das Alleinsein des Mannes. Denn wir haben unsere Mütter bei den wütenden Kanonen verloren. Nur unsere Katzen und Kühe und die Läuse und die Regenwürmer, die ertragen das große eisige Alleinsein. Vielleicht sind sie nicht so nebeneinander wie wir. Vielleicht sind sie mehr mit der Welt. Mit dieser maßlosen Welt. In der unser Herz fast erfriert.

Wovon unser Herz rast? Von der Flucht. Denn wir sind der Schlacht und den Schlünden erst gestern entkommen in heilloser Flucht. Von der furchtbaren Flucht von einem Granatloch zum andern – die mütterlichen Mulden – davon rast unser Herz noch – und noch von der Angst.

Horch hinein in den Tumult deiner Abgründe. Erschrickst du? Hörst du den Chaoschoral aus Mozartmelodien und Herms-Niel-Kantaten? Hörst du Hölderlin noch? Kennst du ihn wieder, blutberauscht, kostümiert und Arm in Arm mit Baldur von Schirach? Hörst du das Landserlied? Hörst du den Jazz und den Luthergesang?

Dann versuche zu sein über deinen lilanen Abgründen. Denn der Morgen, der hinter den Grasdeichen und Teerdächern aufsteht, kommt nur aus dir selbst. Und hinter allem? Hinter allem, was du Gott, Strom und Stern, Nacht, Spiegel oder Kosmos und Hilde oder Evelyn nennst – hinter allem stehst immer du selbst. Eisig einsam. Erbärmlich. Groß. Dein Gelächter. Deine Not. Deine Frage. Deine Antwort. Hinter allem, uniformiert, nackt oder sonstwie kostümiert, schattenhaft verschwankt, in fremder fast scheuer ungeahnt grandioser

Dimension: Du selbst. Deine Liebe. Deine Angst. Deine Hoffnung.

Und wenn unser Herz, dieser erbärmliche herrliche Muskel, sich selbst nicht mehr erträgt – und wenn unser Herz uns zu weich werden will in den Sentimentalitäten, 5 denen wir ausgeliefert sind, dann werden wir laut und ordinär. Alte Sau, sagen wir dann zu der, die wir am meisten lieben. Und wenn Jesus oder der Sanftmütige, der einem immer nachläuft im Traum, nachts sagt: Du, sei gut! – dann machen wir eine freche Respektlosigkeit 10 zu unserer Konfession und fragen: Gut, Herr Jesus, warum? Wir haben mit den toten Iwans vorm Erdloch genauso gut in Gott gepennt. Und im Traum durchlöchern wir alles mit unsern M.Gs.: Die Iwans. Die Erde. Den Jesus. 15

Nein, unser Wörterbuch, das ist nicht schön. Aber dick. Und es stinkt. Bitter wie Pulver. Sauer wie Steppensand. Scharf wie Scheiße. Und laut wie Gefechtslärm.

Und wir prahlen uns schnodderig über unser emp- 20 findliches deutsches Rilke-Herz rüber. Über Rilke, den fremden verlorenen Bruder, der unser Herz ausspricht und der uns unerwartet zu Tränen verführt: Aber wir wollen keine Tränenozeane beschwören – wir müssen denn alle ersaufen. Wir wollen grob und proletarisch 25 sein, Tabak und Tomaten bauen und lärmende Angst haben bis ins lilane Bett – bis in die lilanen Mädchen hinein. Denn wir lieben die lärmend laute Angabe, die unrilkesche, die uns über die Schlachtträume hinüberrettet und über die lilanen Schlünde der Nächte, der 30 blutübergossenen Äcker, der sehnsüchtigen blutigen Mädchen.

Denn der Krieg hat uns nicht hart gemacht, glaubt doch das nicht, und nicht roh und nicht leicht. Denn wir tragen viele weltschwere wächserne Tote auf unseren 35 mageren Schultern. Und unsere Tränen, die saßen noch niemals so lose wie nach diesen Schlachten. Und darum lieben wir das lärmende laute lila Karussell, das jazzmusikene, das über unsere Schlünde rüberorgelt, dröhnend, clownig, lila, bunt und blöde – vielleicht. Und unser 40

Rilke-Herz – ehe der Clown kräht – haben wir es dreimal verleugnet. Und unsere Mütter weinen bitterlich. Aber sie, sie wenden sich nicht ab. Die Mütter nicht!

Und wir wollen den Müttern versprechen:

5 Mütter, dafür sind die Toten nicht tot: Für das marmorne Kriegerdenkmal, das der beste ortsansässige Steinmetz auf dem Marktplatz baut – von lebendigem Gras umgrünt, mit Bänken drin für Witwen und Prothesenträger. Nein, dafür nicht. Nein, dafür sind die Toten 10 nicht tot: dass die Überlebenden weiter in ihren guten Stuben leben und immer wieder neue und dieselben guten Stuben mit Rekrutenfotos und Hindenburgportraits. Nein, dafür nicht.

Und dafür, nein, dafür haben die Toten ihr Blut nicht 15 in den Schnee laufen lassen, in den nasskalten Schnee ihr lebendiges mütterliches Blut: dass dieselben Studienräte ihre Kinder nun benäseln, die schon die Väter so brav für den Krieg präparierten. (Zwischen Langemarck und Stalingrad lag nur eine Mathematikstunde.) Nein, Müt- 20 ter, dafür starbt ihr nicht in jedem Krieg zehntausendmal!

Das geben wir zu: Unsere Moral hat nichts mehr mit Betten, Brüsten, Pastoren oder Unterröcken zu tun – wir können nicht mehr tun als gut sein. Aber wer will das 25 messen, das „Gut“? Unsere Moral ist die Wahrheit. Und die Wahrheit ist neu und hart wie der Tod. Doch auch so milde, so überraschend und so gerecht. Beide sind nackt.

Sag deinem Kumpel die Wahrheit, beklau ihn im Hunger, aber sag es ihm dann. Und erzähl deinen Kindern 30 nie von dem heiligen Krieg: Sag die Wahrheit, sag sie so rot wie sie ist: voll Blut und Mündungsfeuer und Geschrei. Beschwindel das Mädchen noch nachts, aber morgens, morgens sag dann die Wahrheit: Sag, dass du gehst und für immer. Sei gut wie der Tod. Nitschewo. 35 Kaputt. For ever. Parti, perdu und never more.

Denn wir sind Neinsager. Aber wir sagen nicht nein aus Verzweiflung. Unser Nein ist Protest. Und wir haben keine Ruhe beim Küssen, wir Nihilisten. Denn wir müssen in das Nichts hinein wieder ein Ja bauen. Häuser 40 müssen wir bauen in die freie Luft unseres Neins, über den Schlünden, den Trichtern und Erdlöchern und den offenen Mündern der Toten: Häuser bauen in die reingefegte Luft der Nihilisten, Häuser aus Holz und Gehirn und aus Stein und Gedanken.

Denn wir lieben diese gigantische Wüste, die Deutschland heißt. Dies Deutschland lieben wir nun. Und jetzt am meisten. Und um Deutschland wollen wir nicht sterben. Um Deutschland wollen wir leben. Über den lilanen Abgründen. Dieses bissige, bittere, brutale Leben. Wir nehmen es auf uns für diese Wüste. Für Deutschland. Wir wollen dieses Deutschland lieben wie die Christen ihren Christus: Um sein Leid.

Wir wollen diese Mütter lieben, die Bomben füllen mussten – für ihre Söhne. Wir müssen sie lieben um dieses Leid.

Und die Bräute, die nun ihren Helden im Rollstuhl spazieren fahren, ohne blinkernde Uniform – um ihr Leid.

Und die Helden, die Hölderlinhelden, für die kein Tag zu hell und keine Schlacht schlimm genug war – wir wollen sie lieben um ihren gebrochenen Stolz, um ihr umgefärbtes heimliches Nachtwächterdasein.

Und das Mädchen, das eine Kompanie im nächtlichen Park verbrauchte und die nun immer noch Scheiße sagt und von Krankenhaus zu Krankenhaus wallfahrten muss – um ihr Leid.

Und den Landser, der nun nie mehr lachen lernt –

und den, der seinen Enkeln noch erzählt von einunddreißig Toten nachts vor seinem, vor Opas M. G. –

sie alle, die Angst haben und Not und Demut: Die wollen wir lieben in all ihrer Erbärmlichkeit. Die wollen wir lieben wie die Christen ihren Christus: Um ihr Leid. Denn sie sind Deutschland. Und dieses Deutschland sind wir doch selbst. Und dieses Deutschland müssen wir doch wieder bauen im Nichts, über Abgründen: Aus unserer Not, mit unserer Liebe. Denn wir lieben dieses Deutschland doch. Wie wir die Städte lieben um ihren Schutt – so wollen wir die Herzen um die Asche ihres Leides lieben. Um ihren verbrannten Stolz, um ihr verkohltes Heldenkostüm, um ihren versengten Glauben, um ihr zertrümmertes Vertrauen, um ihre ruinierte Liebe. Vor allem müssen wir die Mütter lieben, ob sie nun achtzehn oder achtundsechzig sind – denn die Mütter sollen uns die Kraft geben für dies Deutschland im Schutt.

Unser Manifest ist die Liebe. Wir wollen die Steine in den Städten lieben, unsere Steine, die die Sonne noch wärmt, wieder wärmt nach der Schlacht –

Und wir wollen den großen Uuh-Wind wieder lieben, unseren Wind, der immer noch singt in den Wäldern. Und der auch die gestürzten Balken besingt –

Und die gelbwarmen Fenster mit den Rilkegedichten dahinter –

Und die rattigen Keller mit den lila gehungerten Kindern darin –

Und die Hütten aus Pappe und Holz, in denen die Menschen noch essen, unsere Menschen, und noch schlafen. Und manchmal noch singen. Und manchmal und manchmal noch lachen –

Denn das ist Deutschland. Und das wollen wir lieben, wir, mit verrostetem Helm und verlorenem Herzen hier auf der Welt.

Doch, doch: Wir wollen in dieser wahn-witzigen Welt noch wieder, immer wieder lieben!

4. Einige Kurzgeschichten

An diesem Dienstag

Die Woche hat einen Dienstag.
Das Jahr ein halbes Hundert.
Der Krieg hat viele Dienstage.

An diesem Dienstag
übten sie in der Schule die großen Buchstaben. Die Lehrerin hatte eine Brille mit dicken Gläsern. Die hatten keinen Rand. 5

Sie waren so dick, dass die Augen ganz leise aussahen.

Zweiundvierzig Mädchen saßen vor der schwarzen Tafel und schrieben mit großen Buchstaben: 10

DER ALTE FRITZ HATTE EINEN TRINKBECHER AUS BLECH. DIE DICKE BERTA SCHOSS BIS PARIS. IM KRIEGE SIND ALLE VÄTER SOLDAT.

Ulla kam mit der Zungenspitze bis an die Nase. Da stieß die Lehrerin sie an. Du hast Krieg mit ch geschrieben, 15 Ulla. Krieg wird mit g geschrieben. G wie Grube. Wie oft habe ich das schon gesagt. Die Lehrerin nahm ein Buch und machte einen Haken hinter Ullas Namen. Zu morgen schreibst du den Satz zehnmal ab, schön sauber, verstehst du? Ja, sagte Ulla und dachte: Die mit ihrer Brille. 20

Auf dem Schulhof fraßen die Nebelkrähen das weggeworfene Brot.

An diesem Dienstag
wurde Leutnant Ehlers zum Bataillonskommandeur befohlen. 25

Sie müssen den roten Schal abnehmen, Herr Ehlers.

Herr Major?

Doch, Ehlers. In der zweiten ist so was nicht beliebt.

Ich komme in die Zweite Kompanie?

Ja, und die lieben so was nicht. Da kommen Sie nicht 30 mit durch. Die Zweite ist an das Korrekte gewöhnt. Mit dem roten Schal lässt die Kompanie Sie glatt stehen. Hauptmann Hesse trug so was nicht.

Ist Hesse verwundet?

Nee, er hat sich krank gemeldet. Fühlte sich nicht gut, sagte er. Seit er Hauptmann ist, ist er ein bisschen flau geworden, der Hesse. Versteh ich nicht. War sonst immer so korrekt. Na ja, Ehlers, sehen Sie zu, dass Sie mit der Kompanie fertig werden. Hesse hat die Leute gut erzogen. Und den Schal nehmen Sie ab, Klar?

Türlich, Herr Major.

Und passen Sie auf, dass die Leute mit den Zigaretten vorsichtig sind. Da muss ja jedem anständigen Scharfschützen der Zeigefinger jucken, wenn er diese Glühwürmchen herumschwirren sieht. Vorige Woche hatten wir fünf Kopfschüsse. Also passen Sie ein bisschen auf, ja?

Jawohl, Herr Major.

Auf dem Wege zur zweiten Kompanie nahm Leutnant Ehlers den roten Schal ab. Er steckte eine Zigarette an. Kompanieführer Ehlers, sagte er laut.

Da schoss es.

An diesem Dienstag
sagte Herr Hansen zu Fräulein Severin:

Wir müssen dem Hesse auch mal wieder was schicken, Severinchen. Was zu rauchen, was zu knabbern. Ein bisschen Literatur. Ein paar Handschuhe oder so was. Die Jungens haben einen verdammt schlechten Winter draußen. Ich kenne das. Vielen Dank.

Hölderlin vielleicht, Herr Hansen?

Unsinn, Severinchen, Unsinn. Nein, ruhig ein bisschen freundlicher. Wilhelm Busch oder so. Hesse war doch mehr für das Leichte. Lacht doch gern, das wissen Sie doch. Mein Gott, Severinchen, was kann dieser Hesse lachen!

Ja, das kann er, sagte Fräulein Severin.

An diesem Dienstag
trugen sie Hauptmann Hesse auf einer Bahre in die Entlausungsanstalt. An der Tür war ein Schild:

Ob General, ob Grenadier:
Die Haare bleiben hier.

Er wurde geschoren. Der Sanitäter hatte lange dünne Finger. Wie Spinnenbeine. An den Knöcheln waren sie etwas gerötet. Sie rieben ihn mit etwas ab, das roch nach Apotheke. Dann fühlten die Spinnenbeine nach seinem Puls und schrieben in ein dickes Buch: Temperatur 41,6. Puls 116. Ohne Besinnung. Fleckfieberverdacht. Der Sanitäter machte das dicke Buch zu. Seuchenlazarett Smolensk stand da drauf. Und darunter: Vierzehnhundert Betten.

Die Träger nahmen die Bahre hoch. Auf der Treppe pendelte sein Kopf aus den Decken heraus und immer hin und her bei jeder Stufe. Und kurz geschoren. Und dabei hatte er immer über die Russen gelacht. Der eine Träger hatte Schnupfen.

An diesem Dienstag
klingelte Frau Hesse bei ihrer Nachbarin. Als die Tür aufging, wedelte sie mit dem Brief. Er ist Hauptmann geworden. Hauptmann und Kompaniechef, schreibt er. Und sie haben über 40 Grad Kälte. Neun Tage hat der Brief gedauert. An Frau Hauptmann Hesse hat er oben drauf geschrieben.

Sie hielt den Brief hoch. Aber die Nachbarin sah nicht hin. 40 Grad Kälte, sagte sie, die armen Jungs. 40 Grad Kälte.

An diesem Dienstag
fragte der Oberfeldarzt den Chefarzt des Seuchenlazarettes Smolensk: Wie viel sind es jeden Tag?

Ein halbes Dutzend.

Scheußlich, sagte der Oberfeldarzt.

Ja, scheußlich, sagte der Chefarzt.

Dabei sahen sie sich nicht an.

An diesem Dienstag
spielten sie die Zauberflöte. Frau Hesse hatte sich die Lippen rot gemacht.

An diesem Dienstag
schrieb Schwester Elisabeth an ihre Eltern: Ohne Gott hält man das gar nicht durch. Aber als der Unterarzt

kam, stand sie auf. Er ging so krumm, als trüge er ganz Russland durch den Saal.

Soll ich ihm noch was geben?, fragte die Schwester.

Nein, sagte der Unterarzt. Er sagte das so leise, als ob
5 er sich schämte.

Dann trugen sie Hauptmann Hesse hinaus. Draußen polterte es. Die bumsen immer so. Warum können sie die Toten nicht langsam hinlegen. Jedes Mal lassen sie sie so auf die Erde bumsen. Das sagte einer. Und sein
10 Nachbar sang leise:

Zicke zacke juppheidi
Schneidig ist die Infanterie.

Der Unterarzt ging von Bett zu Bett. Jeden Tag. Tag und Nacht. Tagelang. Nächte durch. Krumm ging er. Er
15 trug ganz Russland durch den Saal. Draußen stolperten zwei Krankenträger mit einer leeren Bahre davon. Nummer 4, sagte der eine. Er hatte Schnupfen.

An diesem Dienstag
saß Ulla abends und malte in ihr Schreibheft mit großen
20 Buchstaben:

IM KRIEG SIND ALLE VÄTER SOLDAT.
IM KRIEG SIND ALLE VÄTER SOLDAT.

Zehnmal schrieb sie das. Mit großen Buchstaben. Und Krieg mit G. Wie Grube.

Nachts schlafen die Ratten doch

Das hohle Fenster in der vereinsamten Mauer gähnte blaurot voll früher Abendsonne. Staubgewölke flimmerte zwischen den steil gereckten Schornsteinresten. Die Schuttwüste döste. Er hatte die Augen zu. Mit einmal
5 wurde es noch dunkler. Er merkte, dass jemand gekommen war und nun vor ihm stand, dunkel, leise. Jetzt haben sie mich!, dachte er. Aber als er ein bisschen blinzelte, sah er nur zwei etwas ärmlich behoste Beine. Die

standen ziemlich krumm vor ihm, dass er zwischen ihnen hindurchsehen konnte. Er riskierte ein kleines Geblinzel an den Hosenbeinen hoch und erkannte einen älteren Mann. Der hatte ein Messer und einen Korb in der Hand. Und etwas Erde an den Fingerspitzen. 5

Du schläfst hier wohl, was?, fragte der Mann und sah von oben auf das Haargestrüpp herunter. Jürgen blinzelte zwischen den Beinen des Mannes hindurch in die Sonne und sagte: Nein, ich schlafe nicht. Ich muss hier aufpassen. Der Mann nickte: So, dafür hast du wohl den 10 großen Stock da?

Ja, antwortete Jürgen mutig und hielt den Stock fest.

Worauf passt du denn auf?

Das kann ich nicht sagen. Er hielt die Hände fest um den Stock. 15

Wohl auf Geld, was? Der Mann setzte den Korb ab und wischte das Messer an seinem Hosenboden hin und her.

Nein, auf Geld überhaupt nicht, sagte Jürgen verächtlich. Auf ganz etwas anderes. 20

Na, was denn?

Ich kann es nicht sagen. Was anderes eben.

Na, denn nicht. Dann sage ich dir natürlich auch nicht, was ich hier im Korb habe. Der Mann stieß mit dem Fuß an den Korb und klappte das Messer zu. 25

Pah, kann mir denken, was in dem Korb ist, meinte Jürgen geringschätzig, Kaninchenfutter.

Donnerwetter, ja!, sagte der Mann verwundert, bist ja ein fixer Kerl. Wie alt bist du denn?

Neun. 30

Oha, denk mal an, neun also. Dann weißt du ja auch, wie viel drei mal neun sind, wie?

Klar, sagte Jürgen, und um Zeit zu gewinnen, sagte er noch: Das ist ja ganz leicht. Und er sah durch die Beine des Mannes hindurch. Dreimal neun, nicht?, fragte er 35 noch einmal, siebenundzwanzig. Das wusste ich gleich.

Stimmt, sagte der Mann, und genauso viel Kaninchen habe ich.

Jürgen machte einen runden Mund: Siebenundzwanzig? 40

Du kannst sie sehen. Viele sind noch ganz jung. Willst du?

Ich kann doch nicht. Ich muss aufpassen, sagte Jürgen unsicher.

5 Immerzu?, fragte der Mann, nachts auch?

Nachts auch. Immerzu. Immer. Jürgen sah an den krummen Beinen hoch. Seit Sonnabend schon, flüsterte er.

Aber gehst du denn gar nicht nach Hause? Du musst 10 doch essen. Jürgen hob einen Stein hoch. Da lag ein halbes Brot. Und eine Blechschachtel.

Du rauchst?, fragte der Mann, hast du denn eine Pfeife?

Jürgen fasste seinen Stock fest an und sagte zaghaft: 15 Ich drehe. Pfeife mag ich nicht.

Schade, der Mann bückte sich zu seinem Korb, die Kaninchen hättest du ruhig mal ansehen können. Vor allem die Jungen. Vielleicht hättest du dir eines ausgesucht. Aber du kannst hier ja nicht weg.

20 Nein, sagte Jürgen traurig, nein nein.

Der Mann nahm den Korb hoch und richtete sich auf. Na ja, wenn du hier bleiben musst – schade. Und er drehte sich um.

Wenn du mich nicht verrätst, sagte Jürgen da schnell, 25 es ist wegen der Ratten.

Die krummen Beine kamen einen Schritt zurück: Wegen der Ratten?

Ja, die essen doch von Toten. Von Menschen. Da leben sie doch von.

30 Wer sagt das?

Unser Lehrer.

Und du passt nun auf die Ratten auf?, fragte der Mann.

Auf die doch nicht! Und dann sagte er ganz leise: 35 Mein Bruder, der liegt nämlich da unten. Da. Jürgen zeigte mit dem Stock auf die zusammengesackten Mauern. Unser Haus kriegte eine Bombe. Mit einmal war das Licht weg im Keller. Und er auch. Wir haben noch gerufen. Er war viel kleiner als ich. Erst vier. Er muss hier ja 40 noch sein. Er ist doch viel kleiner als ich.

Der Mann sah von oben auf das Haargestrüpp. Aber dann sagte er plötzlich: Ja, hat euer Lehrer euch denn nicht gesagt, dass die Ratten nachts schlafen?

Nein, flüsterte Jürgen und sah mit einmal ganz müde aus, das hat er nicht gesagt. 5

Na, sagte der Mann, das ist aber ein Lehrer, wenn er das nicht mal weiß. Nachts schlafen die Ratten doch. Nachts kannst du ruhig nach Hause gehen. Nachts schlafen sie immer. Wenn es dunkel wird, schon.

Jürgen machte mit seinem Stock kleine Kuhlen in den 10 Schutt. Lauter kleine Betten sind das, dachte er, alles kleine Betten.

Da sagte der Mann (und seine krummen Beine waren ganz unruhig dabei): Weißt du was? Jetzt füttere ich schnell meine Kaninchen, und wenn es dunkel wird, 15 hole ich dich ab. Vielleicht kann ich eins mitbringen. Ein kleines oder, was meinst du?

Jürgen machte kleine Kuhlen in den Schutt. Lauter kleine Kaninchen. Weiße, graue, weißgraue. Ich weiß nicht, sagte er leise und sah auf die krummen Beine, 20 wenn sie wirklich nachts schlafen.

Der Mann stieg über die Mauerreste weg auf die Straße. Natürlich, sagte er von da, euer Lehrer soll einpacken, wenn er das nicht mal weiß.

Da stand Jürgen auf und fragte: Wenn ich eins kriegen 25 kann? Ein weißes vielleicht?

Ich will mal versuchen, rief der Mann schon im Weggehen, aber du musst hier solange warten. Ich gehe dann mit dir nach Hause, weißt du? Ich muss deinem Vater doch sagen, wie so ein Kaninchenstall gebaut wird. 30 Denn das müsst ihr ja wissen.

Ja, rief Jürgen, ich warte. Ich muss ja noch aufpassen, bis es dunkel wird. Ich warte bestimmt. Und er rief: Wir haben auch noch Bretter zu Hause. Kistenbretter, rief er. 35

Aber das hörte der Mann schon nicht mehr. Er lief mit seinen krummen Beinen auf die Sonne zu. Die war schon rot vom Abend und Jürgen konnte sehen, wie sie durch die Beine hindurchschien, so krumm waren sie. Und der Korb schwenkte aufgeregt hin und her. Kaninchenfutter 40 war da drin. Grünes Kaninchenfutter, das war etwas grau vom Schutt.

Die Küchenuhr

Sie sahen ihn schon von weitem auf sich zukommen, denn er fiel auf. Er hatte ein ganz altes Gesicht, aber wie er ging, daran sah man, dass er erst zwanzig war. Er setzte sich mit seinem alten Gesicht zu ihnen auf die
5 Bank. Und dann zeigte er ihnen, was er in der Hand trug.

Das war unsere Küchenuhr, sagte er und sah sie alle der Reihe nach an, die auf der Bank in der Sonne saßen. Ja, ich habe sie noch gefunden. Sie ist übrig geblieben.

10 Er hielt eine rund tellerweiße Küchenuhr vor sich hin und tupfte mit dem Finger die blau gemalten Zahlen ab.

Sie hat weiter keinen Wert, meinte er entschuldigend, das weiß ich auch. Und sie ist auch nicht so besonders schön. Sie ist nur wie ein Teller, so mit weißem Lack.
15 Aber die blauen Zahlen sehen doch ganz hübsch aus, finde ich. Die Zeiger sind natürlich nur aus Blech. Und nun gehen sie auch nicht mehr. Nein. Innerlich ist sie kaputt, das steht fest. Aber sie sieht noch aus wie immer. Auch wenn sie jetzt nicht mehr geht.

20 Er machte mit der Fingerspitze einen vorsichtigen Kreis auf dem Rand der Telleruhr entlang. Und er sagte leise: Und sie ist übrig geblieben.

Die auf der Bank in der Sonne saßen, sahen ihn nicht an. Einer sah auf seine Schuhe, und die Frau sah in ihren
25 Kinderwagen. Dann sagte jemand:

Sie haben wohl alles verloren?

Ja, ja, sagte er freudig, denken Sie, aber auch alles! Nur sie hier, sie ist übrig. Und er hob die Uhr wieder hoch, als ob die anderen sie noch nicht kannten.

30 Aber sie geht doch nicht mehr, sagte die Frau.

Nein, nein, das nicht. Kaputt ist sie, das weiß ich wohl. Aber sonst ist sie doch noch ganz wie immer: weiß und blau. Und wieder zeigte er ihnen seine Uhr. Und was das schönste ist, fuhr er aufgeregt fort, das habe ich Ihnen ja
35 noch überhaupt nicht erzählt. Das Schönste kommt

nämlich noch: Denken Sie mal, sie ist um halb drei stehen geblieben. Ausgerechnet um halb drei, denken Sie mal.

Dann wurde Ihr Haus sicher um halb drei getroffen, sagte der Mann und schob wichtig die Unterlippe vor. 5
Das habe ich schon oft gehört. Wenn die Bombe runtergeht, bleiben die Uhren stehen. Das kommt von dem Druck.

Er sah seine Uhr an und schüttelte überlegen den Kopf. Nein, lieber Herr, nein, da irren Sie sich. Das hat 10
mit den Bomben nichts zu tun. Sie müssen nicht immer von den Bomben reden. Nein. Um halb drei war ganz etwas anderes, das wissen Sie nur nicht. Das ist nämlich der Witz, dass sie gerade um halb drei stehen geblieben ist. Und nicht um viertel nach vier oder um sieben. Um 15
halb drei kam ich nämlich immer nach Hause. Nachts, meine ich. Fast immer um halb drei. Das ist ja gerade der Witz.

Er sah die anderen an, aber die hatten ihre Augen von ihm weggenommen. Er fand sie nicht. Da nickte er sei- 20
ner Uhr zu: Dann hatte ich natürlich Hunger, nicht wahr? Und ich ging immer gleich in die Küche. Da war es dann fast immer halb drei. Und dann, dann kam nämlich meine Mutter. Ich konnte noch so leise die Tür aufmachen, sie hat mich immer gehört. Und wenn ich in der 25
dunklen Küche etwas zu essen suchte, ging plötzlich das Licht an. Dann stand sie da in ihrer Wolljacke und mit einem roten Schal um. Und barfuß. Immer barfuß. Und dabei war unsere Küche gekachelt. Und sie machte ihre Augen ganz klein, weil ihr das Licht so hell war. Denn 30
sie hatte ja schon geschlafen. Es war ja Nacht.

So spät wieder, sagte sie dann. Mehr sagte sie nie. Nur: So spät wieder. Und dann machte sie mir das Abendbrot warm und sah zu, wie ich aß. Dabei scheuerte sie immer die Füße aneinander, weil die Kacheln so 35
kalt waren. Schuhe zog sie nachts nie an. Und sie saß so lange bei mir, bis ich satt war. Und dann hörte ich sie noch die Teller wegsetzen, wenn ich in meinem Zimmer schon das Licht ausgemacht hatte. Jede Nacht war es so. Und meistens immer um halb drei. Das war ganz selbst- 40

verständlich, fand ich, dass sie mir nachts um halb drei in der Küche das Essen machte. Ich fand das ganz selbstverständlich. Sie tat das ja immer. Und sie hat nie mehr gesagt als: So spät wieder. Aber das sagte sie jedes
5 Mal. Und ich dachte, das könnte nie aufhören. Es war mir so selbstverständlich. Das alles. Es war doch immer so gewesen.

Einen Atemzug lang war es ganz still auf der Bank. Dann sagte er leise: Und jetzt? Er sah die anderen an.
10 Aber er fand sie nicht. Da sagte er der Uhr leise ins weißblaue runde Gesicht: Jetzt, jetzt weiß ich, dass es das Paradies war. Das richtige Paradies.

Auf der Bank war es ganz still. Dann fragte die Frau: Und Ihre Familie?

15 Er lächelte sie verlegen an: Ach, Sie meinen meine Eltern? Ja, die sind auch mit weg. Alles ist weg. Alles, stellen Sie sich vor. Alles weg.

Er lächelte verlegen von einem zum anderen. Aber sie sahen ihn nicht an.

20 Da hob er wieder die Uhr hoch, und er lachte. Er lachte: Nur sie hier. Sie ist übrig. Und das Schönste ist ja, dass sie ausgerechnet um halb drei stehen geblieben ist. Ausgerechnet um halb drei.

Dann sagte er nichts mehr. Aber er hatte ein ganz altes
25 Gesicht. Und der Mann, der neben ihm saß, sah auf seine Schuhe. Aber er sah seine Schuhe nicht. Er dachte immerzu an das Wort Paradies.

Das Brot

Plötzlich wachte sie auf. Es war halb drei. Sie überlegte, warum sie aufgewacht war. Ach so! In der Küche hatte jemand gegen einen Stuhl gestoßen. Sie horchte nach der Küche. Es war still. Es war zu still, und als sie
5 mit der Hand über das Bett neben sich fuhr, fand sie es leer. Das war es, was es so besonders still gemacht hatte: Sein Atem fehlte. Sie stand auf und tappte durch die dunkle Wohnung zur Küche. In der Küche trafen sie sich. Die Uhr war halb drei. Sie sah etwas Weißes am

Küchenschrank stehen. Sie machte Licht. Sie standen sich im Hemd gegenüber. Nachts. Um halb drei. In der Küche.

Auf dem Küchentisch stand der Brotteller. Sie sah, dass er sich Brot abgeschnitten hatte. Das Messer lag noch neben dem Teller. Und auf der Decke lagen Brotkrümel. Wenn sie abends zu Bett gingen, machte sie immer das Tischtuch sauber. Jeden Abend. Aber nun lagen Krümel auf dem Tuch. Und das Messer lag da. Sie fühlte, wie die Kälte der Fliesen langsam an ihr hoch kroch. Und sie sah von dem Teller weg.

„Ich dachte, hier wäre was", sagte er und sah in der Küche umher.

„Ich habe auch was gehört", antwortete sie, und dabei fand sie, dass er nachts im Hemd doch schon recht alt aussah. So alt wie er war. Dreiundsechzig. Tagsüber sah er manchmal jünger aus. Sie sieht doch schon alt aus, dachte er, im Hemd sieht sie doch ziemlich alt aus. Aber das liegt vielleicht an den Haaren. Bei den Frauen liegt das nachts immer an den Haaren. Die machen dann auf einmal so alt.

„Du hättest Schuhe anziehen sollen. So barfuß auf den kalten Fliesen. Du erkältest dich noch."

Sie sah ihn nicht an, weil sie nicht ertragen konnte, dass er log. Dass er log, nachdem sie neununddreißig Jahre verheiratet waren.

„Ich dachte, hier wäre was", sagte er noch einmal und sah wieder so sinnlos von einer Ecke in die andere, „ich hörte hier was. Da dachte ich, hier wäre was."

„Ich hab auch was gehört. Aber es war wohl nichts." Sie stellte den Teller vom Tisch und schnippte die Krümel von der Decke.

„Nein, es war wohl nichts", echote er unsicher.

Sie kam ihm zu Hilfe: „Komm man. Das war wohl draußen. Komm man zu Bett. Du erkältest dich noch. Auf den kalten Fliesen."

Er sah zum Fenster hin. „Ja, das muss wohl draußen gewesen sein. Ich dachte, es wäre hier."

Sie hob die Hand zum Lichtschalter. Ich muss das Licht jetzt ausmachen, sonst muss ich nach dem Teller sehen, dachte sie. Ich darf doch nicht nach dem Teller sehen. „Komm man", sagte sie und machte das Licht aus, „das war wohl draußen. Die Dachrinne schlägt immer bei Wind gegen die Wand. Es war sicher die Dachrinne. Bei Wind klappert sie immer."

Sie tappten sich beide über den dunklen Korridor zum Schlafzimmer. Ihre nackten Füße platschten auf den Fußboden.

„Wind ist ja", meinte er. „Wind war schon die ganze Nacht."

Als sie im Bett lagen, sagte sie: „Ja, Wind war schon die ganze Nacht. Es war wohl die Dachrinne."

„Ja, ich dachte, es wäre in der Küche. Es war wohl die Dachrinne." Er sagte das, als ob er schon halb im Schlaf wäre.

Aber sie merkte, wie unecht seine Stimme klang, wenn er log. „Es ist kalt", sagte sie und gähnte leise, „ich krieche unter die Decke. Gute Nacht."

„Nacht", antwortete er und noch: „ja, kalt ist es schon ganz schön."

Dann war es still. Nach vielen Minuten hörte sie, dass er leise und vorsichtig kaute. Sie atmete absichtlich tief und gleichmäßig, damit er nicht merken sollte, dass sie noch wach war. Aber sein Kauen war so regelmäßig, dass sie davon langsam einschlief.

Als er am nächsten Abend nach Hause kam, schob sie ihm vier Scheiben Brot hin. Sonst hatte er immer nur drei essen können.

„Du kannst ruhig vier essen", sagte sie und ging von der Lampe weg. „Ich kann dieses Brot nicht so recht vertragen. Iss du man eine mehr. Ich vertrage es nicht so gut."

Sie sah, wie er sich tief über den Teller beugte. Er sah nicht auf. In diesem Augenblick tat er ihr Leid.

„Du kannst doch nicht nur zwei Scheiben essen", sagte er auf seinen Teller.

„Doch. Abends vertrag ich das Brot nicht gut. Iss man."

Erst nach einer Weile setzte sie sich unter die Lampe an den Tisch.

Die drei dunklen Könige

Er tappte durch die dunkle Vorstadt. Die Häuser standen abgebrochen gegen den Himmel. Der Mond fehlte, und das Pflaster war erschrocken über den späten Schritt. Dann fand er eine alte Planke. Da trat er mit dem Fuß gegen, bis eine Latte morsch aufseufzte und losbrach. Das Holz roch mürbe und süß. Durch die dunkle Vorstadt tappte er zurück. Sterne waren nicht da.

Als er die Tür aufmachte (sie weinte dabei, die Tür), sahen ihm die blassblauen Augen seiner Frau entgegen. Sie kamen aus einem müden Gesicht. Ihr Atem hing weiß im Zimmer, so kalt war es. Er beugte sein knochiges Knie und brach das Holz. Das Holz seufzte. Dann roch es mürbe und süß ringsum. Er hielt sich ein Stück davon unter die Nase. Riecht beinahe wie Kuchen, lachte er leise. Nicht, sagten die Augen der Frau, nicht lachen. Er schläft.

Der Mann legte das süße mürbe Holz in den kleinen Blechofen. Da glomm es auf und warf eine Handvoll warmes Licht durch das Zimmer. Die fiel hell auf ein winziges rundes Gesicht und blieb einen Augenblick. Das Gesicht war erst eine Stunde alt, aber es hatte schon alles, was dazugehört: Ohren, Nase, Mund und Augen. Die Augen mussten groß sein, das konnte man sehen, obgleich sie zu waren. Aber der Mund war offen, und es pustete leise daraus. Nase und Ohren waren rot. Er lebt, dachte die Mutter. Und das kleine Gesicht schlief.

Da sind noch Haferflocken, sagte der Mann. Ja, antwortete die Frau, das ist gut. Es ist kalt. Der Mann nahm noch von dem süßen weichen Holz. Nun hat sie ihr Kind gekriegt und muss frieren, dachte er. Aber er hatte keinen, dem er dafür die Fäuste ins Gesicht schlagen konnte. Als er die Ofentür aufmachte, fiel wieder eine Handvoll Licht über das schlafende Gesicht. Die Frau sagte leise: Kuck, wie ein Heiligenschein, siehst du? Heiligenschein!, dachte er, und er hatte keinen, dem er die Fäuste ins Gesicht schlagen konnte.

Dann waren welche an der Tür. Wir sahen das Licht, sagten sie, vom Fenster. Wir wollen uns zehn Minuten hinsetzen. Aber wir haben ein Kind, sagte der Mann zu ihnen. Da sagten sie nichts weiter, aber sie kamen doch ins Zimmer, stießen Nebel aus den Nasen und hoben die Füße hoch. Wir sind ganz leise, flüsterten sie und hoben die Füße hoch. Dann fiel das Licht auf sie.

Drei waren es. In drei alten Uniformen. Einer hatte einen Pappkarton, einer einen Sack. Und der Dritte hatte keine Hände. Erfroren, sagte er, und hielt die Stümpfe hoch. Dann drehte er dem Mann die Manteltasche hin. Tabak war darin und dünnes Papier. Sie drehten Zigaretten. Aber die Frau sagte: Nicht, das Kind.

Da gingen die vier vor die Tür, und ihre Zigaretten waren vier Punkte in der Nacht. Der eine hatte dicke umwickelte Füße. Er nahm ein Stück Holz aus einem Sack. Ein Esel, sagte er, ich habe sieben Monate daran geschnitzt. Für das Kind. Das sagte er und gab es dem Mann. Was ist mit den Füßen?, fragte der Mann. Wasser, sagte der Eselschnitzer, vom Hunger. Und der andere, der Dritte?, fragte der Mann und befühlte im Dunkeln den Esel. Der Dritte zitterte in seiner Uniform. Oh, nichts, wisperte er, das sind nur die Nerven. Man hat eben zu viel Angst gehabt. Dann traten sie die Zigaretten aus und gingen wieder hinein.

Sie hoben die Füße hoch und sahen auf das kleine schlafende Gesicht. Der Zitternde nahm aus seinem Pappkarton zwei gelbe Bonbons und sagte dazu: Für die Frau sind die.

Die Frau machte die blassen blauen Augen weit auf, als sie die drei Dunklen über das Kind gebeugt sah. Sie fürchtete sich. Aber da stemmte das Kind seine Beine gegen ihre Brust und schrie so kräftig, dass die drei Dunklen die Füße aufhoben und zur Tür schlichen. Hier nickten sie nochmal, dann stiegen sie in die Nacht hinein.

Der Mann sah ihnen nach. Sonderbare Heilige, sagte er zu seiner Frau. Dann machte er die Tür zu. Schöne Heilige sind das, brummte er und sah nach den Haferflocken. Aber er hatte kein Gesicht für seine Fäuste.

Aber das Kind hat geschrien, flüsterte die Frau, ganz stark hat es geschrien. Da sind sie gegangen. Kuck mal, wie lebendig es ist, sagte sie stolz. Das Gesicht machte den Mund auf und schrie.

Weint er?, fragte der Mann.

Nein, ich glaube, er lacht, antwortete die Frau.

Beinahe wie ein Kuchen, sagte der Mann und roch an dem Holz, wie Kuchen. Ganz süß.

Heute ist ja auch Weihnachten, sagte die Frau.

Ja, Weihnachten, brummte er, und vom Ofen her fiel eine Handvoll Licht hell auf das kleine schlafende Gesicht.

Eine Geschichte nach einer Geschichte[1]: Demet Catalyürek: Der Schallplattenspieler

Anlässlich des 70. Geburtstags des Dichters initiierte der „Verein Wolfgang-Borchert-Denkmal e. V." einen Schüler-Schreibwettbewerb unter Hamburger Schülern ab der 7. Klasse. Insgesamt gingen 131 Arbeiten ein, die durchweg ein hohes Niveau hatten. Darunter waren auch Beiträge, die verdeutlichen, „wie weit die Integration der Kinder heute praktisch geht, deren Eltern einmal fremd als Gastarbeiter nach Deutschland kamen. [...] Es waren die sensibelsten Beiträge – mit einer Genauigkeit in der Beobachtung menschlichen Verhaltens, wie sie bei Wolfgang Borchert zu finden ist. Gerade dieses nur schwer bestimmbare Etwas aufgenommen zu haben, zeugt vom Verstehen." Einen 1. Preis bei den Schuljahrgängen 7/8 erhielt Demet Catalyürek, damals Schüler am „Emilie-Wüstenfeld-Gymnasium" Hamburg. Seine Geschichte ist ein Beispiel für einen kreativen Umgang mit dem Werk des Dichters und besonders deshalb interessant, weil sie „nicht ein typisches Borchert-Thema zeitgemäß variiert, sondern einen mehr literarisch eigenständigen Beitrag [...] in spürbarer Verwandtschaft zum Werk Wolfgang Borcherts" darstellt.

Die Geschichte ist dem Jahresheft der Internationalen Wolfgang-Borchert-Gesellschaft e.V. Heft 3 (1991) entnommen.

---

[1] Nach: Claus B. Schröder: Ein Schüler-Schreibwettbewerb auf durchweg hohem Niveau. In: Jahresheft der Internationalen Wolfgang-Borchert-Gesellschaft e. V., Heft 3 (1991), S. 19 ff.

Plötzlich wachte sie auf. Es war halb zehn. Sie überlegte, warum sie überhaupt eingeschlafen war. Ach ja, sie hatte fernsehen wollen, nachdem ihre Eltern zum Tanzen gegangen waren, und war dabei eingenickt. Ihr kleiner Bruder hatte noch neben ihr gesessen, bevor sie eingeschlafen war. Der Fernseher war nicht mehr an. Jetzt erst bemerkte sie, dass ihr Bruder nicht mehr da war. Langsam stand sie auf. Sie hörte leise Musik aus ihrem Zimmer kommen. Sie schlich sich an die Tür. Die stand offen. Sie ging hinein, und sie standen sich gegenüber in ihrem Zimmer, nachts um halb zehn. Er war schon im Pyjama. Auf dem Schreibtisch stand der Schallplattenspieler. Sie sah, dass er eine Platte gehört hatte. Die Platte lag noch auf dem Gerät und die Plattenhülle daneben. Wenn sie den Plattenspieler benutzte, ließ sie nie eine Platte drauf. Sie steckte sie immer in die Hülle zurück und legte sie wieder an ihren Platz. Jedes Mal nachdem sie ihn benutzt hatte, aber jetzt lag eine Platte drauf. Sie fühlte, wie die Luft, die durch das offene Fenster hereindrang, ihren Mund beim Atmen ganz trocken und kalt machte. Sie sah von dem Plattenspieler weg. „Ich wollte das Fenster hier zumachen", sagte er und ging zum Fenster. „Ich wollte auch das Fenster zumachen", sagte sie und fand, dass ihr kleiner Bruder doch schon ziemlich erwachsen aussah in seinem Pyjama. So alt, wie er war. Vierzehn. „Ich wollte nur das Fenster zumachen." Sie fand es widerlich, dass er log. Dass er in letzter Zeit immer öfter log. „Ich wollte auch das Fenster zumachen, aber jetzt hast du es ja schon zu gemacht." Sie nahm die Platte vom Plattenspieler und schob sie in ihre Hülle. „Ja, jetzt habe ich es schon zugemacht", echote er unsicher. Sie hatte die Nase voll. „Komm, Bruder, geh schlafen, es ist kalt hier drinnen, du wirst dich noch erkälten in deinem Pyjama." Er sah auf den Boden. „Ja, ich habe es eben erst zugemacht, das Fenster." Langsam ging er aus ihrem Zimmer in sein eigenes. Ich hätte sie fragen sollen, dachte er. Ihr liegt doch so viel an dem Plattenspieler. Sie lag in ihrem Bett und wollte nicht darüber nachdenken. Sie wusste, dass sie sauer werden würde. Sie wollte nicht darüber nachdenken, sie wollte schlafen.

Als er am nächsten Tag von der Schule nach Hause kam, lag der Plattenspieler mit den Platten in seinem Zimmer auf seinem Schreibtisch. Sie erschien hinter ihm und sagte: „Ich schenke ihn dir. Ich habe sowieso keine Zeit, um Platten zu hören. Das kannst du für mich machen, 5 ich schenk ihn dir.“ Dann ging sie, und er stand alleine in seinem Zimmer, alleine mit seinem neuen Plattenspieler.

5. Ausgewählte Gedichte

Alle Gedichte wurden entnommen aus: Borchert, Wolfgang: Das Gesamtwerk. Mit einem biografischen Nachwort von Bernhard Meyer-Marwitz, Rowohlt Verlag, Hamburg 1991. Hier findet sich auch ein Hinweis zum lyrischen Schaffen des Autors am Beispiel seines Zyklus' „Laterne, Nacht und Sterne. Gedichte um Hamburg":
„Der Zyklus dieser vierzehn Gedichte wurde im Sommer 1946 aus etwa sechzig Gedichten zusammengestellt, die Borchert mit vielen anderen Versen in den Jahren 1940/45 geschrieben hatte. Vom Standpunkt einer strengen Lyrik-Kritik aus mögen vielleicht Einwendungen gegen einzelne Gedichte zu erheben sein, Einwendungen, die Borchert selbst zu teilen geneigt war. Seine Prosa hatte zu dieser Zeit bereits die Lyrik aus dem Zentrum seines Schaffens verdrängt. Da diese Verse gewisse Regungen des borchertschen Lebensempfindens echt und anschaulich spiegeln, gehören sie zum Bilde seiner künstlerischen Persönlichkeit. Der Zyklus wurde am Totensonntag 1946 erstmalig von Annemarie Marks auf einem Borchert-Abend der Vereinigung Niederdeutsches Hamburg im Eppendorfer Gemeindehaus gesprochen. Er erschien im Dezember 1946 im Verlag Hamburgische Bücherei." (Ebenda, S. 6)
Vorangestellt ist dem Zyklus das Leuchtturm-Gedicht Borcherts, das knapp, präzise und anschaulich seine Lebensproblematik darstellt. Direkt aus „Laterne, Nacht und Sterne" entnommen wurden die Texte „Laternentraum", „In Hamburg" und „Legende".
„Versuch es", „Brief aus Russland", „Nachts" und „Liebesgedicht" stammen aus den „Nachgelassenen Gedichten".

Ich möchte Leuchtturm sein

Ich möchte Leuchtturm sein
In Nacht und Wind –
Für Dorsch und Stint,
für jedes Boot –
und bin doch selbst
ein Schiff in Not.

Laternentraum

Wenn ich tot bin,
möchte ich immerhin
so eine Laterne sein,
und die müsste vor deiner Türe sein
5 und den fahlen
Abend überstrahlen.

Oder am Hafen,
wo die großen Dampfer schlafen
und wo die Mädchen lachen,
10 würde ich wachen
an einem schmalen schmutzigen Fleet*
und dem zublinzeln, der einsam geht.

In einer engen
Gasse möcht ich hängen
15 als rote Blechlaterne
vor einer Taverne –
und in Gedanken
und im Nachtwind schwanken
zu ihren Gesängen.

20 Oder so eine sein, die ein Kind
mit großen Augen ansteckt,
wenn es erschreckt entdeckt,
dass es allein ist und weil der Wind
so johlt an den Fensterluken –
25 und die Träume draußen spuken.

Ja, ich möchte immerhin,
wenn ich tot bin,
so eine Laterne sein,
die nachts ganz allein,
30 wenn alles schläft auf der Welt,
sich mit dem Mond unterhält –
natürlich per Du.

---

* Kanal in Küstenstädten, besonders in Hamburg

In Hamburg

In Hamburg ist die Nacht
nicht wie in andern Städten
die sanfte blaue Frau,
in Hamburg ist sie grau
5 und hält bei denen, die nicht beten,
im Regen Wacht.

In Hamburg wohnt die Nacht
in allen Hafenschänken
und trägt die Röcke leicht,
10 sie kuppelt, spukt und schleicht,
wenn es auf schmalen Bänken
sich liebt und lacht.

In Hamburg kann die Nacht
nicht süße Melodien summen
15 mit Nachtigallentönen,
sie weiß, dass uns das Lied der Schiffssirenen,
die aus dem Hafen stadtwärts brummen,
genauso selig macht.

Legende

Jeden Abend wartet sie in grauer
Einsamkeit und sehnt sich nach dem Glück.
Ach, in ihren Augen nistet Trauer,
denn er kam nicht mehr zurück.

5 Eines Nachts hat wohl der dunkle Wind
Sie verzaubert zur Laterne.
Die in ihrem Scheine glücklich sind,
flüstern leis: ich hab dich gerne – – –

Versuch es

Stell dich mitten in den Regen,
glaub an seinen Tropfensegen
spinn dich in das Rauschen ein
und versuche gut zu sein!
5 Stell dich mitten in den Wind,
glaub an ihn und sei ein Kind –
lass den Sturm in dich hinein
und versuche gut zu sein!
Stell dich mitten in das Feuer,
10 liebe dieses Ungeheuer
in des Herzens rotem Wein –
und versuche gut zu sein!

Brief aus Russland

Man wird tierisch.
Das macht die eisenhaltige
Luft. Aber das faltige
Herz fühlt manchmal noch lyrisch.
5 Ein Stahlhelm im Morgensonnenschimmer.
Ein Buchfink singt und der Helm rostet.
Was wohl zu Hause ein Zimmer
mit Bett und warm Wasser kostet?
Wenn man nicht so müde wär!

10 Aber die Beine sind schwer.
Hast du noch ein Stück Brot?
Morgen nehmen wir den Wald.
Aber das Leben ist hier so tot.
Selbst die Sterne sind fremd und kalt.
15 Und die Häuser sind
so zufällig gebaut.
Nur manchmal siehst du ein Kind,
das hat wunderbare Haut.

Nachts

Meine Seele ist wie eine Straßenlaterne.
Wenn es Nacht wird und die Sterne
aufgehn, beginnt sie zu sein.
Mit zitterndem Schein
5 tastet sie durchs Dunkel,
verliebt wie die Katzen
auf nächtlichen Dächern, mit grünem Gefunkel
in den Augen. Menschen und Spatzen
schlafen.
10 Nur die Schiffe schwanken im Hafen.

Hebt der Mond sich über den Rand
von einem Kirchendache,
ist in meinen Augen
knisternd ein Streichholz aufgeflammt,
15 und ich lache.

Regen rinnt –
bei mir sind
nur mein Schatten und der Wind.
Und meine Hände haben noch den Duft
20 von irgendeinem schönen Kind.

Liebesgedicht

Du warst die Blume Makellos
und ich war wild und wach.
Als deine Iris überfloss,
da gabst du gebend nach.

5 Ich war die Blume Schmerzenlos
in deinem lichten Duft.
Wir schenkten uns aus Grenzenlos,
aus Erde, Leid und Gruft.

Da wuchs die Blume Morgenrot
10 an unserer Nächte Saum.
Wir litten eine süße Not
um einen süßen Traum.

6. Vorschläge für die Erschließung von Borcherts dramatischem Werk

Wie können wir uns einem in Buchform vor uns liegenden Theaterstück so weit annähern, dass die Personen und die Handlung – oder sollten wir besser vom Geschehen sprechen? – uns wirklich interessieren, bewegen, vielleicht sogar packen? Vor dieser Frage stehen Schüler und Lehrer bei jedem Werk dieser Gattung erneut. Auf Borcherts „Draußen vor der Tür" angewendet könnte das heißen: Wie finde ich Zugang zu einer Handlung, die kurz nach dem Ende des Zweiten Weltkrieges angesiedelt ist? Wie stelle ich es an, mich in solche konträren Figuren wie Beckmann und den Oberst oder Beckmann und den Kabarettdirektor zu versetzen? Wie schaffe ich es, das Verhalten und die Handlungen des Mädchens und der Frau Kramer nachzuvollziehen? Die Fragen ließen sich fortsetzen.
Das dramatische Werk in Buchform sperrt sich zunächst, weil es dort nur Dialoge und Monologe, mehr oder weniger Regieanweisungen und erkennbare Handlung(en) gibt. Das eröffnet aber zugleich Möglichkeiten einer unterschiedlichen Annäherung – eben weil so vieles in der Textvorlage nur angedeutet wird. Dramaturgen, Regisseure, Bühnenbildner und Schauspieler sehen das positiv; für ihre Arbeit ist das eine Herausforderung, ihre Sicht der Figuren und der Handlung zu finden und auf der Bühne kreativ umzusetzen.
Im Folgenden sind unterschiedliche Bearbeitungsmöglichkeiten aufgelistet.

Standbilder

Viele Szenen in dramatischen Texten sind unübersichtlich, da mehrere Personen gleichzeitig auf der Bühne sind und miteinander in Kontakt treten. Die Handlungsmotive dieser Personen sind natürlich sehr unterschiedlich und machen eine Orientierung schwierig. Eine geeignete Methode, dieses Problem in den Griff zu bekommen, ist das Standbildbauen. Ein Schüler übernimmt die Rolle des Standbildbauers oder Regisseurs und konstruiert Stück für

Stück aus ‚lebenden Personen' ein Standbild, durch das er dem Publikum bzw. der Klasse seine ganz persönliche Deutung der Szene zum Ausdruck bringt. Diese Darstellung spiegelt also die individuelle Sicht des Regisseurs
5 wider und dient als anschaulicher Anlass für die Mitspieler und für das Publikum, diese Interpretation kritisch zu reflektieren.

Beim Bau eines Standbildes könnt ihr folgendermaßen vorgehen[1]:

1. Der Erbauer des Standbildes (= Regisseur) *sucht sich diejenigen Personen* aus der Gruppe *aus,* die von ihrer äußeren Erscheinung her in das Bild passen, das er vor Augen hat (also Eignung im Hinblick auf Körpergröße, Geschlecht, Haare, Statur usw.).
2. Der Regisseur baut mit den ausgewählten Mitspielern das Bild Schritt für Schritt auf, indem er *die Haltung der Mitspieler* so lange *mit seinen Händen* formt, bis sie die richtige Position eingenommen haben. Der Gesichtsausdruck (die Mimik) kann vom Regisseur vorgemacht und dann vom jeweiligen Spieler nachgespielt werden. Die Mitspieler müssen sich dabei völlig passiv verhalten; sie dürfen sich nicht gegen bestimmte Haltungen sperren.
3. Während der „Bauphase" wird *nicht gesprochen.*
4. Wenn das Standbild fertig komponiert ist, *erstarren* alle Spieler für 30 bis 60 Sekunden, um sich selbst meditativ in die eingenommene Haltung einzufühlen und um den Beobachtern Gelegenheit zu geben, das entstandene Bild wirken zu lassen.
5. Danach wird das Standbild *beschrieben* und *interpretiert:* zuerst von den Beobachtern, dann von den Spielern. Dabei kommt es vor allem darauf an, die Beziehungen zwischen den Spielern zu deuten. Man kann auch versuchen, eine Überschrift oder ein

[1] aus: Hilbert Meyer: Unterrichtsmethoden II: Praxisband. 6. Auflage. Frankfurt/M.: Cornelsen Scriptor 1994, S. 352 f.

Thema zu definieren, und dann den Regisseur fragen, ob er zustimmt.
6. Zum Schluss wird der *Regisseur befragt,* welche Absichten er beim Bau des Standbildes gehabt hat.
7. Wenn keine Einigkeit über die Deutung des Bildes zu erzielen ist, kann der Regisseur aufgefordert werden, *das Standbild zu verändern.* Ebenso gut kann ein anderer Schüler zum Regisseur ernannt werden, der dann eine Korrektur vornimmt.

Rollenbiografie[1]

Mit dieser Methode soll eine intensive Auseinandersetzung mit einer Dramenfigur erzielt werden. Wählt eine Person aus dem Stück aus und sammelt so viele Informationen wie möglich aus dem Text. Welche Absichten verfolgt die Person? Wie steht sie anderen Personen des Stückes gegen- 5 über? Welche Gefühle hat sie? Formuliert nun in der Ich-Form eine Rollenbiografie, in der ihr euch in der Rolle der entsprechenden Figur äußert. Ihr könnt dabei auch Episoden aus der Jugend der Figur, die vor dem Dramenbeginn liegen, hinzuerfinden, die Verhaltensweisen und Motive der 10 Figur deutlich werden lassen.

Programmheft[2]

Entwerft nach der Lektüre ein Programmheft zu einer fiktiven Inszenierung des Dramas. Besetzt die Rollen mit bekannten Schauspielern aus Film und Fernsehen und erstellt ein Personenverzeichnis mit ihren Fotos. Entwickelt Kostüme und Bühnenbilder und erläutert dem 5 gedachten Leser des Programmheftes eure damit verbundenen Absichten. Interviewt den Regisseur eurer Inszenierung und lasst ihn über seine Absichten sprechen. Tragt Material zum Autor, seinem Werk und der Zeit zusammen,

1 vgl. Günter Waldmann: Produktiver Umgang mit dem Drama. 2., korrigierte Auflage. Baltmannsweiler: Schneider-Verlag Hohengehren 1999, S. 147 f.

2 vgl. ebd., S. 149

in der das Drama spielt, und nehmt es ebenfalls ins Programmheft auf.

Wichtig bei diesen beiden Methoden ist, dass der Fantasie nicht beliebig viel Raum um ihrer selbst willen gelassen 5 wird, sondern dass sie so eingesetzt werden, dass sie deutlich machen, wie der Dramentext in seiner inhaltlichen und strukturellen Vielfalt gestaltet ist. Ihr solltet also stets darauf achten, dass die Ergebnisse eurer Arbeiten hinsichtlich des Ausgangstextes stimmig sind. Gleiches gilt für die 10 folgenden Methoden. Ging es bei den gerade erwähnten Verfahren darum, die Dramenfiguren, den Spielraum usw. zu konkretisieren, d.h. auszuarbeiten und zu verdeutlichen, geht es nun um die Veränderung der Vorgaben des Dramentextes, um im Vergleich zwischen Original und verän- 15 derter Fassung die Besonderheiten der Vorlage deutlich werden zu lassen.

Veränderung der Dramenfiguren[1]

Wählt eine Dramenfigur aus und verändert ihr Geschlecht oder ihr Alter. Ihr könnt auch den Beruf oder die Herkunft der Hauptfigur verändern (z.B.: Wie würde Borcherts Stück verlaufen, wenn das Mädchen die Tochter des 5 Obersts wäre oder wenn der Kabarettdirektor ein Schuldirektor wäre?). Schreibt schließlich eine Szene mit den veränderten Personenmerkmalen, um im Vergleich mit dem Originaltext zu untersuchen, inwieweit ihr Verhalten durch bestimmte Rollenauffassungen (geschlechts-, alters- 10 oder berufsspezifisch) geprägt ist.

Veränderung von Ort und Zeit[2]

Wählt eine Szene aus dem Dramentext aus und modernisiert sie, d.h., übertragt die dargestellte Handlung und die damit verbundenen Probleme und Verhaltensweisen der Figuren auf eine heutige Situation. Prüft, ob die neu ent- 5 standene ‚moderne' Szene heute noch Relevanz besitzt,

---

1 vgl. ebd., S. 150
2 vgl. S. 151.

d.h., ob sie einen ähnlichen Stellenwert wie im Original hat. Durch diese Methode lässt sich gut prüfen, inwieweit ein bereits älteres Theaterstück heute noch aktuelle Tendenzen aufweist.

Veränderung der Form[1]

Wählt eine Szene aus dem Dramentext aus und fügt eine Figur ein, die das Geschehen auf der Bühne von außen betrachtet, also quasi über ihr steht. Diese Figur kann ein „Sprecher", ein „Moderator" oder ein „Spielleiter" sein. Lasst diese neue Person die Handlung der Szene einleiten oder auch sehr kritisch kommentieren. Überlegt, welcher Effekt durch das „Einfügen von ‚epischen Instanzen'"[2] erzielt wird.

Noch ein Tipp am Schluss. Die kleine Auswahl an produktiven Methoden soll euch helfen, dramatische Texte besser zu verstehen und einen intensiven Zugang zu ihnen zu bekommen. Doch nicht jede Methode ist für jeden dramatischen Text bzw. jede Szene geeignet. Ihr solltet euch also immer wieder fragen, inwieweit euch die entsprechende Methode beim Verständnis helfen konnte. Nehmt euch etwas Zeit, die unterschiedlichen Verfahren und deren Nutzen zu reflektieren und kritisch in der Klasse zu diskutieren.

[1] vgl. ebd.
[2] ebd.

Bildnachweis

Rosemarie Clausen **73, 88** – Wolfgang-Borchert-Archiv der Staats- und Universitätsbibliothek Hamburg, Carl von Ossietzky **74,87,89** – Landesbildstelle Hamburg **76,77** – Panorama Film **90** – Reinhold Lessmann, Hannover **91 o.** – Peter Zimmermann, Schauspielhaus Zürich **91 u.** – Hildegard Steinmetz **92 o.** – Agentur für Literatur, Theater und Musik des Ungarischen Büros zur Wahrnehmung der Urheberrechte **92 u.** – Comuna-Teatro de Pesquisa, Lissabon **93** – Mecklenburgisches Staatstheater, Schwerin **94 o.** – Hamburger Kammerspiele **94 u.**